Sylvia Bandini

Silveragecoaching – Reifer für Neues mit NLP

Sylvia Bandini

Silveragecoaching – Reifer für Neues mit NLP

Ein Ratgeber für Menschen 55+, ihre Coachs, Berater, Arbeitgeber und weitere Neugierige

Trainerverlag

Impressum / Imprint
Bibliografische Information der Deutschen Nationalbibliothek: Die Deutsche Nationalbibliothek verzeichnet diese Publikation in der Deutschen Nationalbibliografie; detaillierte bibliografische Daten sind im Internet über http://dnb.d-nb.de abrufbar.

Bibliographic information published by the Deutsche Nationalbibliothek: The Deutsche Nationalbibliothek lists this publication in the Deutsche Nationalbibliografie; detailed bibliographic data are available in the Internet at http://dnb.d-nb.de.

Coverbild / Cover image: www.ingimage.com

Verlag / Publisher:
Der Trainerverlag
ist ein Imprint der / is a trademark of
OmniScriptum GmbH & Co. KG
Heinrich-Böcking-Str. 6-8, 66121 Saarbrücken, Deutschland / Germany
Email: info@verlag-trainer.de

Herstellung: siehe letzte Seite /
Printed at: see last page
ISBN: 978-3-8417-5105-8

Sylvia Bandini

Silveragecoaching®

Reifer für Neues mit NLP

**Ein Ratgeber für Menschen 55+,
ihre Coachs, Berater, Arbeitgeber und
weitere Neugierige**

Inhalt

Weshalb dieser Ratgeber?

Sind Sie über 55?
Befassen Sie sich mit Ihrer Pensionierung?
Sind Sie bereits in Rente?
Denken Sie: «das kann doch nicht alles gewesen sein?»
Sind Sie neugierig auf eine neue Lebensphase?

- Dann begleitet Sie dieser Ratgeber bei Ihrem Veränderungs- und Anpassungsprozess

Sind Sie Coach, Trainer oder Führungsverantwortlicher?
Interessiert es Sie, wie ältere Menschen wahrnehmen, fühlen, denken, handeln, kommunizieren und lernen?
Könnte das Älterwerden auch einmal ein Thema für Sie werden? Wären Ihnen massgeschneiderte Tools hilfreich?

- Dann gibt Ihnen dieser Ratgeber einen Einblick und zeigt Ihnen Formate, wie Sie ältere Menschen begleiten können

Was erwartet Sie in diesem Handbuch?

- Eine Standortbestimmung Ihrer aktuellen Lebensphase
- Gibt Aufschlüsse Ihrer vorhandenen Ressourcen 55+
- Erweckt Wünsche und Visionen 55+
- Überprüft blockierende Glaubenssätze und löst diese auf
- Begleitet Sie auf dem Weg zu Ihren Zielen
- Unterstützt Sie bei Ihrer Neuorientierung
- Bekräftigt Ihre neue Identität als «Silverager»
- Enthält hilfreiche Formate für diesen Prozess

Einleitung

Mit Jahrgang 1947 gehöre ich zu einer Zielgruppe, welche seit einigen Jahren in der Werbung, in der Forschung und in der Politik vermehrt zum Thema gemacht wird.
Die Angebote für uns sind geradezu paradiesisch geworden. Welche Weiterbildung, welches Hobby, welche Mode, welche Crème, welchen Sport und welche Reise soll ich nun pflücken?
Auch für Ersatzteile und Renovierung wird gesorgt. Hüften, Knie, Implantate, Botox und Co.

Wir werden wahrgenommen und schleichen nicht mehr als unsichtbare Frauen und Männer durch die Gegend. Einerseits als gern gesehene Konsumenten, falls man das nötige Kleingeld hat, andererseits mit einem negativen Beigeschmack. Rentenklau, schwer vermittelbare ältere Arbeitnehmer, Belastung der Gesundheitskosten sind die neuen Kriterien mit denen Sie und ich uns auseinander setzen müssen. Plötzlich werden wir mit wenig schmeichelhaften Worten tituliert. Scheinbar über Nacht müssen wir uns um eine neue Identität sorgen.

Ob **die neue *Generation*+** wirklich dieser längst überholten Klischees entspricht? Es liegt an uns dieser Altersdiskriminierung entgegen zu wirken.

In diesem Ratgeber geht es nicht darum die Gesellschaft, Politiker und Arbeitgeber mit Statistiken zu überzeugen, sondern wie bei allen Veränderungsprozessen geht es darum bei sich selbst anzufangen und als Pioniere neue Wege aufzuzeigen, neues Denken über das Alter zu initiieren und die überholten Glaubenssätze ad absurdum zu führen.

Ich möchte nicht zu sehr in die Wissenschaft über das Altern eintauchen, da gibt es kompetentere Autoren und steht auch nicht im Vordergrund meines Buches.

Ich stütze mich auf meine persönliche Erfahrung, auf die Diskussionen und Interviews mit Gleichaltrigen, auf den Austausch in meinen Seminaren zu den Themen: «Vision 55+» und «Vorbereitung auf die Pensionierung».

Als «*Silverage*®-Coach» berate ich Menschen mit den Themen Veränderungsprozesse 55, 60, 70+.

Trockene Theorie liegt mir fern und ich hoffe, eine Prise Humor und Augenzwinkern entlockt dem Leser ein Schmunzeln und macht das Thema etwas «leichter».

Jemand hat einmal zitiert, dass das Älterwerden nichts für Feiglinge sei. Stimmt diese Aussage? Da kann ich nur fragen:

Wollen Sie zuerst die gute oder die schlechte Nachricht hören?

Also gut! Die Schlechte ist: wir werden alle älter ... die gute Nachricht: wir können selbstverantwortlich einiges dazu tun, damit wir in der neuen Lebensphase geschenkte und gute Jahre bekommen.
Es ist eine Frage der Einstellung zum Alter und was wir bereit sind dafür zu tun. Braucht es dazu unbedingt Mut? Sitzen die «Feiglinge» in der Ecke und warten mal ab was passiert? Ich meinerseits habe mich entschlossen pro aktiv auf die neue Herausforderung heran zu gehen.

Ich untermale den Ratgeber mit eigenen und fremden Anekdoten, Beispielen und Zitaten.

Meine Tools sind vorwiegend aus dem NLP (neurolinguistisches Programmieren) entliehen.
Somit schliesse ich auch die Einleitung mit einer Grundannahme aus dem NLP

«Die Landkarte ist nicht die Landschaft»

Das heisst, dass jeder und jede sein Älterwerden auf seine Weise erlebt, mit seiner Wahrnehmung, seinem Denken und seinem Handeln, seinen Ressourcen, seiner Biografie, seinen Erfahrungen und seiner Herkunftskultur.

Unser persönliches Alter und Älterwerden definieren wir somit selbst!

«Das Grosse ist nicht, dies oder jenes zu sein, sondern man selbst zu sein»

(Sören Kierkegaad)

Was ist eigentlich NLP?

Das neurolinguistische Programmieren beschreibt Prozesse wie Menschen

- sich selbst und ihre Umwelt wahrnehmen
- diese Informationen auf ihre eigene Weise verarbeiten
- auf dieser Grundlage handeln
- entsprechend miteinander kommunizieren
- lernen und
- sich verändern

Menschen unterscheiden sich in der Art und Weise, wie sie bestimmte Situationen, sich selbst, andere Menschen, ihre Beziehungen und den Alltag erleben.

Je nachdem, wie wir uns selbst und unsere Umwelt wahrnehmen, wie wir denken, wie wir fühlen und wie wir dieses Gefühl bewerten, kann ein und dieselbe Situation als angenehm und wohltuend oder aber als schwierig und belastend erlebt werden.

Die moderne Neurowissenschaft belegt mit aktuellen bildgebenden Verfahren immer mehr, warum die Methoden des NLP funktionieren.

So zeigen aktuelle Untersuchungen, dass bereits durch das **«so tun als ob»** dieselben Hirnregionen aktiv werden, wie wenn ich die Sache tatsächlich machen würde.
Ein Prinzip, welches sich die Mentalarbeit schon lange zu nutzen macht. (Auszug aus der Informationsbroschüre ***10 Fragen zu NLP***, Herausgeber NLP Akademie Schweiz)

NLP wird eingesetzt:

- Coaching
- Pädagogik
- Management
- Pflege
- Therapie
- Zwischenmenschliche Kommunikation

Im NLP arbeiten wir mit verschiedenen Interventionsmodellen, den NLP Formaten, welche ich für das Coaching mit Menschen 55+ anpasse und verwende.

Zum Beispiel

- Problem und Zielbestimmung
- Die logischen Ebenen zur Standortbestimmung
- Reframing (auflösen von Glaubenssätzen)
- Timeline
- Ankern

1. Kapitel

Älter werden nur die Anderen ... und ich?

Ich teile meine Gedanken, meine Gefühle und meine Visionen mit Ihnen.
Kann es sein, dass bei Ihnen etwas anklingt?
Ihre Geschichte 55+?

An dem Tag, als mir mein Hausarzt beinahe zärtlich übers Knie strich und mich freudenstrahlend anlächelte, wusste ich, dass ich älter geworden bin. Nicht meine immer noch schönen Beine haben das Strahlen hervorgebracht … nein es war die spezielle Zyste an meinem Knie!
Es ist ja nicht so, dass ich den Alterungsprozess nicht schon früher bemerkt hätte, aber meine kommende Pensionierung (März 2011) rückte immer mehr ins Zentrum meines Denkens und Handelns. Mein Hausarzt setzte nur noch das Tüpfelchen aufs «I».

Schon seit einigen Jahren stellte ich mir immer öfters die Frage, wie gestalte ich meine kommende neue Lebensphase?
Die Vorbilder aus den vergangenen Generationen (mit Ausnahmen natürlich) waren nicht in meinem Sinn und so beschloss ich, dass ich mich neu definieren werde.
Ich steckte also meine immer noch neugierige Nase in gescheite Bücher über das Alter und Älterwerden. Ich besuchte Workshops zum Thema Vorbereitung auf die Pensionierung.
Bald war mir klar, dass ich mein Rentnerleben nicht damit verbringen will, hinter den Vorhängen versteckt zu schauen, welche Autos in der Strasse falsch parkiert wurden und Sockenstricken war schon in der Schule nicht mein Ding.
Sechs Jahre vor dem definitiven Countdown als Pflege Bereichsleiterin in der Psychiatrie, meldete ich mich für eine Coaching Ausbildung an.

Mein Ziel war es, kurz vor der Pensionierung die BSO Anerkennung (Schweizerischer Berufsverband für Coaching, Supervision und Organisationsentwicklung) wie auch den eidgenössischen Fachausweis für Erwachsenebildung in der Tasche zu haben. Gesagt, getan, ich drückte also nochmals 5 Jahre berufsbegleitend die Schulbank.

Mein Fernziel war es als selbständiger Coach und Erwachsenenbildnerin weiter zu arbeiten.
Ich wollte und will mir nicht vom Staat und von der Gesellschaft vorschreiben lassen, wann und wie ich in Rente gehe.

Seit 3 Jahren bin ich nun pensioniert und ich arbeite, wie mir vorgenommen, selbständig als Coach, Supervisorin und Seminarleiterin.
Ich fühle mich noch gebraucht, kann meine Erfahrungen weitergeben. Pflege Kontakt zu Menschen, zu Teams und der Verdienst nebst Rente bringt mir die Butter aufs Brot resp. den Champagner statt Wasser ins Glas.

Meine Firma heisst sinnigerweise *«Silveragecoaching®»*, auch weil ich nach meiner Pensionierung die gefärbten dunklen Haare in ein silberiges Weiss auswachsen liess.
Silverage® ist mein Kerngeschäft, in welchem ich meine persönliche Lebenserfahrung und meine Coaching Kompetenzen einbringen kann.
Meine Kunden und ich sind in einer Lebensphase, wo es nicht nur darum geht neues Wissen an zu häufen, sondern auch zu lernen, mit der neuen Lebenssituation um zu gehen. Es geht um Abschied nehmen, loslassen können, Anpassungen vor zunehmen, aber auch neue Ressourcen zu entdecken, vergrabene Träume und Talente wieder zu aktivieren. Was gibt es noch zu entdecken, zu leben? Was ist die persönliche Mission, was möchte man der Welt zurücklassen?
Was kann man in eigener Verantwortung dazu beitragen, dass es geschenkte Jahre werden?
Es ist mir bewusst, dass dieser Prozess ein individuelles Thema ist.
Als Coach und als Autorin des Ratgebers möchte ich meine persönliche Sichtweise keinem Kunden und Leser überstülpen.
Es sind Denkanstösse, Angebote und Tools welche unterstützend wirken können.
Das Alter kann somit nicht in eine Schublade gepresst werden unter dem Motto: so habe ich mich nun zu verhalten, zu denken und zu fühlen.
Auch wenn es im physischen und psychischen Alterungsprozess eine gewisse «Gesetzmässigkeit» gibt, so erlebt sie jeder auf seine Weise.
Die Alterszipperlein, mehr oder weniger schwere Gebresten und Abnutzungserscheinungen kommen mit grosser Sicherheit aber in welchem Ausmass und wann sie uns treffen und wie wir damit umgehen ist doch sehr individuell.

Wie soll ich mich nun verhalten, was soll ich anziehen, wie ist es mit der Partnerschaft, den Hobbys, der Wohnform und und und …
Wo sind denn die Vorbilder, nach wem soll ich mich orientieren, der Frau ab sechzig?
Die Spannbreite ist enorm. Da lese ich Todesanzeigen von Bekannten in meinem Alter, andere Bekannte sind 10 Jahre älter und klettern noch auf hohe Berge, laufen Marathons, wandern aus, beginnen ein Studium und machen sich selbständig.
Ich trage seit 5 Jahren eine bifokale Brille, ein 73-jähriger Freund braucht nur ab und zu eine Lesebrille.
Im Fitnesszentrum sehe ich fitte und schlanke ältere Menschen, andere müssen bereits am Rollator gehen.
Viele meiner pensionierten Bekannten finden diese Lebensphase herrlich, fühlen sich beschwingt, klagen zwar ab und zu über dieses oder jenes Zipperlein, sehen die Jahre aber als geschenkte Jahre und wollen sie nutzen.
Es gibt aber auch jene, welche am Arbeitsplatz und privat unzufrieden sind, ihrer Berufstätigkeit nachtrauern, unsicher sind, wie es weitergehen könnte und der Anpassungsprozess weniger gut gelingen will.

Es ist mir bewusst, dass die unverschuldete Kündigung eines 57-jährigen Arbeitnehmers nicht nur mit positivem Denken lösbar ist, dass eine schwere Krankheit einer 55-jährigen selbständig Erwerbenden nicht mit einigen Tools zu lösen ist. Diese Einstellung als Coach wäre eine Arroganz gegenüber dem Problem eines Klienten gegenüber. Mit fast 30-jähriger Erfahrung in der Psychiatrie mit Patienten in Krisensituationen, weiss ich, dass es dann eine komplexere Behandlung resp. Beratungsweise braucht.
Das zunehmende Problem der «schwervermittelbaren» Arbeitssuchenden ab 45/50 Jahren liegt weder an der Quantität der Bewerbungsschreiben noch an der Beratung oder dem Coaching.

Es ist ein Politikum!

Hier muss von Arbeitgeber- und Arbeitnehmerseite her ein Umdenken stattfinden.
Wir als Betroffene können eine neue Sichtweise beeinflussen, mit unserer Haltung und unserem Verhalten in der neuen Lebensphase.
Es ist ein Suchen, ein Ausprobieren, Innehalten und Reflektieren.
Die Tatsache, dass ich immer weniger muss, sondern darf, dass viele Pflichten nicht mehr relevant sind, erfüllt mich mit Glück.
Ich picke mir einige Rosinen aus der neuen Lebensphase. Muss immer weniger andern gefallen.
Ein gesunder Egoismus ist da, aber auch eine tiefe Dankbarkeit, dass es mir gut geht und ich diese Lebensphase geniessen und leben kann.
Ich bin frecher und selbstsicherer geworden, lass mir nicht mehr alles bieten, muss nicht everybodys Darling sein. Wie herrlich frei, macht mich diese Einstellung.
Diejenige zu sein, zu der ich in 67 Jahren geworden bin.

Das Schlagwort *«in Würde altern»* macht mich nachdenklich, was heisst «in Würde» und wer bestimmt das? Solange man selbständig ist, liegt die Würde im eigenen Ermessen.
Wird der Mensch abhängig von einer Institution, von Familienangehörigen, von Pflegenden und Ärzten wird die Definition und das Erleben der Würde zum Teil von ausserhalb bestimmt.

Vor vielen Jahren während meiner Ausbildung in der psychiatrischen Klinik, habe ich im ersten halben Jahr auf einer Abteilung der geriatrischen Psychiatrie gearbeitet. Ich kann mich an eine ältere Frau (über 80 Jahren) erinnern, welche an einer Schizophrenie erkrankt ist. Ich wusste nicht viel über ihre Biografie und als ich ihr einmal half das Essen ein zu nehmen und sie mit Frau X ansprach, korrigierte sie mich und bat darum, dass ich sie Frau Dr. X. nenne.
Zuerst dachte ich, das habe etwas mit ihren Wahngedanken zu tun, musste aber in der Krankengeschichte lesen, dass sie in jungen Jahren Medizin studiert und als Oberärztin praktiziert hatte.
Meine Vorannahme hat mich beschämt und für mich war es nun selbstverständlich, dass ich sie mit ihrem Doktortitel ansprach. Es war meine Wertschätzung einer Generation gegenüber, wo es wichtig war den Titel zu tragen und auch dementsprechend angesprochen werden wollte. Übrigens war sie eine der weni-

gen Frauen, welche damals in Basel Medizin studiert hatte.
Es war aber auch mein Respekt gegenüber einem gelebten Leben und meine Erkenntnis, dass durch eine Krankheit und das Alter die Würde als Mensch nicht erlischt.

Mit dieser Erfahrung werde ich natürlich alles dafür tun, damit ich autonom bleiben kann.
Es geht nicht darum einem Jugendwahn nach zu eifern, sondern authentisch zu sein, was auch immer der ältere Mensch damit verbindet und wenn jemand für andere «schräg» auffällt, so ist das seine ganz individuelle Sache.
Es ist eine persönliche Sache, wenn der ältere Mensch endlich seine Beine hochlegen will, mit Leidenschaft seinen Schrebergarten pflegt, sich mit Kollegen zum Skat trifft, mit seinen Enkeln Drachen steigen lässt. Wenn andere einen Malkurs besuchen, das Englisch auffrischen, sich selbständig machen oder endlich das Tanzbein schwingen können.

Noch nie hatte eine Generation in unserem Kulturkreis so viele Möglichkeiten, manchmal fast zu viele.
Aus meiner Sicht erzeugt dies doch auch wieder einen gewissen Druck in die Schublade der fitten interessierten viel jünger aussehenden Seniorin gepresst zu werden.

Definieren wir uns selbst!

---

*«...und plötzlich weisst du:
es ist Zeit etwas Neues zu beginnen und dem
Zauber des Anfangs zu vertrauen»*

(Meister Eckhart 1260–1327)

2. Kapitel

Zuerst etwas Theorie

Die wissenschaftlichen Aspekte des Älterwerdens. Anti-Aging was ist das? Neue Einteilung der Lebensphasen Übergänge im Leben

Es gibt wohl wenige Menschen, welche nicht von einem langen gesunden Leben träumen. Schauen wir uns das Gemälde von Lucas Cranach aus dem 16. Jh. an, so sehen wir, dass das Bild **«der Jungbrunnen»** Anti- Aging der damaligen Zeit war und nicht ein neuer «Trend» der heutigen Gesellschaft.
Trotzdem denke ich, dass der heutige Jugendwahn Menschen mit 40, 50, 60 Jahren in eine Sinneskrise stürzen kann.

Als lange in der Psychiatrie Tätige, bemerkte ich immer wieder, wie sich die Klientel zum Teil verändert hat. Häufig werden die Diagnosen: Erschöpfungsdepression, Burnout, Status nach Suizidversuch gestellt. Beruflich, privat ausgebootet, aufs Abstellgleis geschoben, nicht mehr genügen zu können ist die innere Überzeugung dieser Menschen.

Heute verbinden wir Anti-Aging mit Schönheitsoperationen, Hautcremes, Ernährung, Bewegung, Erhaltung der geistigen Beweglichkeit, Hormone, Nahrungsergänzung.
Sex bis ins hohe Alter, soziale Kontakte, erfüllte Beschäftigung, Hobbys, spirituelle Erfahrungen, Psychohygiene, Stressabbau etc. etc.

In diesem Sinn ist Anti-Aging Medizin vor allem Präventivmedizin mit dem Ziel, den Körper fit und gesund zu erhalten und sein Aussehen und das Innere zu verjüngen, also das biologische Alter herabzusetzen.
Ich möchte ergänzen, dass Anti-Aging für mich ein paradoxes Wort ist und negative Ziele sind nicht hirngerecht formuliert. Das Gehirn kann mit Negationen nichts anfangen. Aber dazu später eine Erklärung im Kapitel «Zielformulierung».

Es kann also nicht heissen «gegen das Alter». Verhindern können wir dies sowieso nicht.

Ich bevorzuge ganz klar ein positiv formuliertes **«Good Aging»**, mit der Bedeutung, ein gutes Alter zu haben.

Welche Mechanismen verursachen das Altern?

Zu den wichtigsten Faktoren zählen:

- **Genetisches Altern**
- **Altern durch Lebensführung und Umwelteinflüsse**
- **Biochemisches Altern**
- **Hormonelles Altern**

Auf Grund von Forschungsergebnissen werden folgende präventive Massnahmen empfohlen:

- **Ausgewogene Ernährung**
- **Die Vermeidung von Übergewicht**
- **Regelmäßige Bewegung**
- **Verzicht auf Rauchen**
- **Mässiger Alkoholgenuss**
- **Verzicht auf ausgiebige Sonnenbäder und Besuch von Solarien**
- **Vermeidung von negativem Stress (auch genügend Schlaf)**
- **Zufuhr von ausreichenden Mengen Vitaminen, Mineralstoffen und Spurenelementen**

Natürlich wäre es einfacher, in einen Brunnen tauchen zu können und wie Phönix aus der Asche mit einem neuen jungen Körper und Geist aus dem Wasser zu steigen.

Wir können aber die Verantwortung für ein gesundes, interessantes, sinnvolles Leben im Alter nicht einfach an einen Brunnen delegieren, den Ärzten überlassen oder hilflos wie die sprichwörtliche Maus vor der Schlange auf das «Ende» warten.

Das Ende ist sicher, wie wir aber die vielen Jahre bis dahin gestalten liegt sehr wohl zu einem Teil bei uns selbst.

Die Frage sollte deshalb nicht heißen: **Wie alt werde ich? Sondern wie werde ich alt?**

Zu Cranachs Zeiten war die durchschnittliche Lebenserwartung um die 30 Jahre.

Ja, damals mussten sie sich nicht mit Falten, Fettdepots an unerwünschten Stellen, schwindende Haare, Potenz und Wechseljahre Beschwerden rumschlagen. Die Lesebrille wurde nicht dauernd gesucht und Junge drängten sich im beruflichen Alltag nicht vor.
Ja, ab wann ist man dann alt? Da kommt mir das etwas abgedroschene Sprichwort in den Sinn: «so alt wie man sich fühlt» dies ist für mich die subjektive Einschätzung der Lebensstruktur.

Struktur von Lebensläufen

Früher: Entwicklung in 3 Phasen
Jugend (bis 20) – **Berufsleben** (bis 65) – **Alter**

Heute: 5 Phasen *(nach Prof. Ernst Pöppel, Neurowissenschaftler)*

Stufe 1: bis zur Pubertät (Alter ca. 10 Jahre)
Stufe 2: Phase der Ausbildung (Alter ca. 20–25 Jahre)
Stufe 3: Phase des aktiven Berufslebens (Alter ca. 60 Jahre)
Stufe 4: **Generation+** (ca. 60–80 Jahre)
Stufe 5: hohes Alter (ab ca. 80 Jahre)

- Menschen werden älter und bleiben länger jung:
- Durchschnittsalter der Menschen heute rund 30 Jahre höher als bis ca. 1910

- Länger anhaltende Vitalität.
  (Körperliche und mentale Verfassung von heute 70-Jährigen entspricht derjenigen von 60 Jahren im Jahre 1960).

Ein geschenktes Jahrzehnt!

Heute liegt die mittlere Lebenserwartung eines neugeborenen Mädchens bei 82 Jahren, bei Jungen 76 Jahren. Und die Tendenz ist steigend.

Die Alterspyramide hat begonnen oben immer breiter und unten schmaler zu werden.

Die 60- bis 70-Jährigen sind im Vormarsch!

Altersaufbau der Bevölkerung *(Anzahl Personen in 1000)*

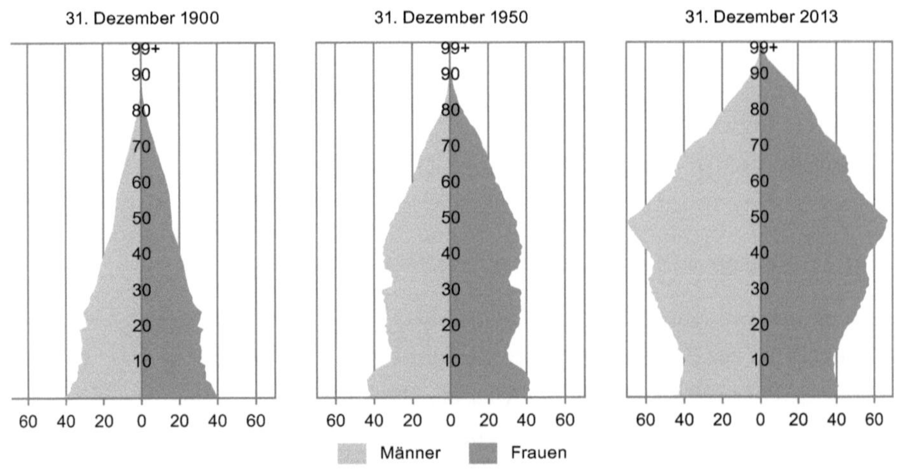

Wahrnehmungen erzeugen Wirklichkeiten.
Indem wir unsere Wahrnehmung ändern, verändern wir unsere Wirklichkeit. Indem wir unseren Körper, sein Altern und die Zeit anders wahrnehmen, können wir unser biologisches Alter umkehren.
(Chopra 2004)

Die innere Haltung zum Alter ein ebenso wichtiger Bestandteil!

Viele Menschen nehmen immer noch eine fatalistische Haltung gegenüber dem Alterungsprozess ein, sind der Überzeugung, dass das Alter als Krankheit zu betrachten ist, Siechtum, geistiger und körperlicher Abbau vorprogrammiert sind. Überalterung und Rentenklau als generalisierter Vorwurf.

Es ist nun die Aufgabe der heutigen «neuen» Generation+, Pionierarbeit zu leisten um veraltete Sichtweisen zu relativieren und für die kommenden Generationen wegweisend zu sein.

Wenn nicht wir, wer dann? Sind wir es nicht bereits gewohnt eine Vorreiterrolle zu übernehmen?

«Jahre runzeln die Haut, den Enthusiasmus auf zu geben, runzelt die Seele»
(Albert Schweitzer (1857–1965)

Danke, Herr Albert Schweitzer, für diesen Glaubenssatz, den ich mir gerne auf meine Fahne schreibe. Wer will schon eine faltige Seele? Also ich sicher nicht! Es reicht doch mit denen im Gesicht und am Körper. Muss ja nicht alles schrumpeln.
Wenn ich ehrlich bin, hat meine Seele natürlich schon einige Dellen und Narbengewebe, aber lassen wir das vorerst.

Aber aufgepasst meine lieben Mitbetroffenen, Mitstreiterinnen und Mitkämpfer, wir haben diesmal einen grossen Vorteil!

Wir kennen Veränderungsprozesse, haben schon oft Abschied genommen, sind schon gebeutelt worden, immer wieder aufgestanden und haben weitergemacht.

Wir haben unsere persönlichen Strategien entwickelt um mit Krisen umzugehen, haben Ziele formuliert und diese auch erreicht. Wir kennen unsere grösseren und kleineren Neurosen (oder nicht?) die Muster und Charaktereigenschaften, welche uns immer wieder im Wege stehen (wird so langsam Zeit!)

Wir sind milder gegen uns und andere geworden (hoffentlich). Nehmen nicht mehr alles persönlich und können über uns selbst lachen (endlich!).

Unsere individuelle Landschaft ist bunt und vielfältig geworden, gespickt mit Bergen und Tälern. Wir wissen, wo der Weg mühelos ist und wo wir uns mit Seil und Pickel ausrüsten müssen. Jetzt stehen wir wieder vor einer Weggabelung, welchen sollen wir einschlagen?

Nutzen wir unsere angehäuften Ressourcen und Erfahrungen, selbst wenn der Rucksack schon schwer ist, wer weiss, welche Utensilien wir brauchen können?

Nein, es ist keine Frage des Mutes, den haben wir schon oft bewiesen, es ist die Neugierde aufs Kommende, welche uns antreibt, die Richtung zeigt und unsere Seele nicht altern lässt.

3. Kapitel

Die Vergangenheit als Basis

In diesem Kapitel tauchen Sie in Ihre Biografie ein
Wie nahmen Sie als junger Mensch ältere Leute wahr?
Wie denken Sie heute übers Alter
Wie sind Sie mit Krisen umgegangen?
Was hat Sie blockiert?
Welche Ressourcen haben Ihnen geholfen?
Arbeitsblätter, Vergangenheit

Seit ich älter geworden bin, bemerke ich eine Zunahme meiner Biografie-Arbeit, ein Wühlen in der Vergangenheit.
Schwarzweiss Fotografien werden in alt verstaubten Alben angeschaut, ja die mit den gezackten Rändern. Irgendwelche Tanten, Onkel und Bekannte, wie heisst bloss die Frau, mit dem lächerlichen Hut?
Eingezwängte Frauen in Korsetts, die Männer mit Bärten und Schnauzer, ernste Gesichter oder weinselig grinsend beim Ausflug des Männerchors.
Ich sehe meine Grosseltern, mütterlicherseits brav bieder schweizerisch, der andere Grossvater südländisch angehaucht mit dem Flair des Exotischen aus dem fernen Italien. Viel weisses Haar, hohe Stirn (von ihm geerbt und erfolgreich mit Ponys verdeckt) weise lächelnd mit Buch in den Händen. Alt, milde, durchgeistigt, kurz vor meiner Geburt 1947 gestorben, noch keine 60 und für mich als Kind der Inbegriff von «alt, würdevoll und weise».
Mit meiner Urgrossmutter blätterte ich als Sechsjährige in Zeitschriften und schaute mir die wunderschönen Bilder der Krönung von Elisabeth II. an. Lesen konnte ich damals noch nicht, ging ich doch noch in den Kindergarten und war in keinem Förderprogramm für Begabte.
Auf jeden Fall wollte ich Prinzessin werden.
Die Uroma roch nach Patschuli, trug einen wunderschönen Dutt und eingebundene dicke Beine. Meine Prinzessinnen-Fantasien wurden immer an einem Montagnachmittag genährt, während dessen mein Urgrossvater, meine Grossmutter, mein Grossvater und Tante Sophie ihren Skat-Nachmittag hatten.

Mein Grossvater aus fernen Landen selig, drehte sich ob den schweizerischen Vergnügungen im Grabe um, spielte er doch Klarinette und Klavier, sprach mehrere Sprachen, war weltgereist und eben exotisch und würdevoll alt.
Die andere Oma musste leider arbeiten, hatte sie weder Witwenrente noch sonst eine Unterstützung.

Mein Vater war nach dem Krieg im schweizerischen Internierungslager, weil er sich als Jüngling nicht um die Einbürgerung gekümmert hatte. Sieht auf dem Foto ziemlich ausgezehrt und gezeichnet aus.
Obwohl in der Schweiz geboren und zur Schule gegangen, musste er nach Italien in den Krieg ziehen. Fasziniert habe ich seinen Geschichten zugehört.

Ich blättere weiter, ältere Damen uniform gekleidet.
Wer etwas auf sich hielt und es sich leisten konnte, trug schwarzen Persianer und weissblaue Dauerwellen, welche am Waschtag zu krausem Schrecken mutierten (das Musical Hair gab es damals noch nicht).
Die ältliche «Jungfer» Julie hatte es sogar zur Oberschwester gebracht, stolz mit Häubchen, Schwesterntracht und Anstecknadel. Sie war die Gute und Aufopfernde in unserer Familie.

Oh je, ich war ja auch mal Hippie, wie habe ich da bloss ausgesehen? (Grins)

Mmmh… im Bikini habe ich mal eine gute Figur gemacht (schluchz).

Oder mein Konfirmationsfoto, welch ein Graus, die toupierten Haare!

«Alte Zeiten» oder wie meine italienischen Wurzeln sagen würden Tempi passati. Grosseltern geboren um 1890. Ihre Enkelin und Urgrossenkelin sitzt jetzt da am Computer, ihr Smartphone und Tablet in Reichweite, schreibt über die Zusammenhänge zwischen Vergangenheit, Gegenwart und Zukunft. Auch sie hat es zur «Oberschwester» gebracht, heute Bereichsleiterin genannt, ohne Häubchen, mit Jeans und roten Nägeln, keine Anstecknadel dafür aber mit Identifikation Badge und beileibe keine Jungfer.

Kennen Sie das? Was kommt Ihnen spontan in den Sinn, wenn Sie das Wort **Alter** hören, welche Assoziationen weckt das in Ihnen?

Stöbern Sie in Ihren persönlichen Alben oder in den inneren Bildern Ihrer Vergangenheit.

Suchen Sie sich für 30 Minuten einen ruhigen Ort, lehnen Sie sich zurück und lassen Sie die Bilder Ihrer Vergangenheit entstehen. Was bedeutete Ihnen «alt» als Kind, als Jugendliche, als Erwachsene?

Nehmen Sie nun das Formular und schreiben Sie spontan was Ihnen dazu einfällt.

Um etwas Neues zu beginnen, braucht es die Vergangenheit

Attribute von «alt»

z.B. Brille, weisses Haar, Rollator,

«Charaktereigenschaften» von «alt»

z.B. unflexibel, gelassen

Körperliches und Mentales zu «alt»

z.B. diverse Gebresten wie Arthrose, Vergesslichkeit

Lesen Sie ihre Notizen durch und überlegen Sie welche Assoziationen auch in Ihrem aktuellen Alter immer noch stimmig für Sie sind und ergänzen und/oder streichen Sie die Attribute auf einem neuen Formular, so dass sie für Ihre heutige Sicht passend sind. Jetzt ist es nicht mehr die Sichtweise eines Kindes, einer 20-Jährigen (trau keinem über 30), sondern Sie bilden sich nun Ihre Sichtweise übers Alter sozusagen im eigenen Erleben:

Attribute:

____

____

«Charaktereigenschaften»:

____

____

____

Körperliches und Mentales:

____

____

Für die folgende Biografie Arbeit nehmen Sie sich mindestens 60 Minuten Zeit es braucht folgende Utensilien: Farbstifte, Malkreiden, Bilder aus Illustrierten und Fotos für Collagen, Erinnerungen aus der Jugend (z.B. Eintrittskarten, Ansichtskarten) Acrylfarben, Wasserfarben event. Gegenstände aus der Natur z.B. Blätter, Gräser, getrocknete gepresste Blumen und was Ihnen sonst noch einfällt. Der Kreativität sind keine Grenzen gesetzt.

«Wer ab und zu in die Vergangenheit schweift,
hat eine gute Grundlage für die Zukunft»

Ein Beispiel:

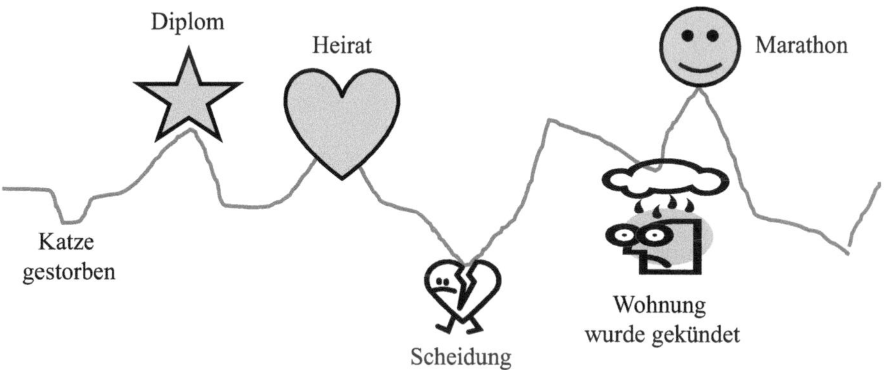

Betrachten Sie in aller Ruhe ihr Kunstwerk und ergänzen Sie, wenn nötig.

Etwas Kopfarbeit kommt nun dazu. Überlegen Sie:

Welche Strategien haben Sie in Krisenzeiten angewendet?
Welche Ressourcen haben Sie für das Erreichen Ihrer Ziele gebraucht?
Welche Stolpersteine waren immer wieder hinderlich?

Persönliche Beispiele

Krisen:

Geheult, getobt, Monologe geführt, Tagebuch geschrieben, nicht abgesendete Briefe geschrieben, mit Freundin gesprochen, Aktivitäten unternommen, welche ich schon lange nicht mehr getan habe. Bücher zum Thema gelesen, Kleider gekauft, neue Ziele gesetzt (z.B. Weiterbildung).

Visionen/Ziele:

Stundenlang auf dem Sofa gelegen und mir bildlich vorgestellt, was ich erreichen möchte. Recherchiert in Büchern und Internet. Massnahmenplan gemacht. Umgesetzt, evaluiert, Anpassungen vorgenommen. Mich daran erinnert, was ich schon alles erreicht habe.

Meine motivierende Glaubenssätze als Unterstützung: *lebenslanges Lernen. Ausprobieren geht über Studieren. Wer nichts wagt, gewinnt nichts.*

Stolpersteine:

Gedankenkarussell vor dem Einschlafen. Nicht abschalten können.
Will (zu)vieles aufs Mal machen. Neige zu spontanen Entscheidungen, was oft korrigiert werden muss.

Ressourcen:

Kreativität, Neugierde, ausdauernd, gutes soziales Netz, flexibel, positive Lebenseinstellung. Unterstützende Glaubenssätze, Glauben an mich selbst. Erfahrungen von Situationen, wo ich stolz auf mich war (persönliche Highlights).

Gibt es auf Ihrer Lebenslinie Strategien, wie Sie mit Krisen umgegangen sind und welche Ressourcen Sie für das Erreichen Ihrer Ziele angewendet haben?
Gab und gibt es Stolpersteine, welche sich ungünstig auf Ihre Herausforderungen auswirken?

Schreiben Sie auf, was in der Vergangenheit hinderlich war und was sich bewährt hat.

Krisenstrategien:

____

____

____

____

Stolpersteine:

____

____

____

____

Ressources

____

____

____

____

Alte Muster und Glaubenssätze

Jetzt möchte ich nochmals auf die Stolpersteine zurückkommen. Gibt es ein Verhalten, welches immer wieder auftaucht und schlussendlich nichts verändert hat? Ein Verhalten, das Ihnen eher schadet?

Sind Sie immer wieder über dasselbe Muster gestolpert? Wäre es nun nicht an der Zeit einen neuen Weg einzuschlagen? Ist es nicht eine Chance in unserer neuen Lebensphase und auch eine Pflicht, sich dies zu Ihrem persönlichen Thema zu machen?

Ist es nicht frustrierend sich zigmal psychisch zu verletzen? Dominiert immer noch das verletzte Kind in uns? Falls Sie schon einmal ein Projekt geleitet haben oder ein Konzept erstellt haben, so ist es Ihnen sicher nicht in den Sinn gekommen immer wieder die gleiche Strategie anzuwenden, wenn diese nicht gewinnbringend und/oder lösungsorientiert gewesen ist.
Weshalb machen wir das nur bei uns? Weshalb klammern wir uns an einem Muster fest? Manchmal ist es uns bewusst, wir kennen es schon seit Jahrzehnten, es ist uns vertraut und gibt «Sicherheit», selbst wenn wir wissen, es bringt uns nicht weiter. Meist ist es aber unbewusst.
Ja, unser Gehirn ist ein zuverlässiger Speicher, vor allem was Emotionen anbelangen. Bevor wir kognitiv bewerten und analysieren können, Schwupps sind wir wieder im alten Fahrwasser.

Eine Geschichte in fünf Kapiteln

(Sylvia Bandini)

Kapitel 1

Der Wecker läutet, ich stehe auf, dusche mich, ziehe mich an und stürme aus dem Haus.
Ich verpasse den Bus und komme zu spät ins Büro.
Meine Chefin schreit mich an.
Ich bin hilflos, es ist nicht meine Schuld
Ich schmolle den ganzen Tag!

Kapitel 2

Der Wecker läutet, ich stehe auf, dusche mich, ziehe mich an und stürme aus dem Haus.
Ich verpasse den Bus, weil mir der Fahrer vor der Nase weggefahren ist.
Ich komme zu spät ins Büro und bin wütend auf den Busfahrer.
Meine Chefin schreit mich an, ich schreie zurück.
Es ist nicht meine Schuld.
Bin sauer, der Tag ist gelaufen!

Kapitel 3

Der Wecker läutet, ich stehe auf, dusche mich, ziehe mich an und stürme aus dem Haus. Der Bus ist weg.
Ich weiss, ich komme zu spät und entschuldige mich, bevor meine Chefin etwas sagen kann.
Es ist meine Verantwortung.
Fühle mich mies!

Kapitel 4

Der Wecker läutet, ich stehe auf, dusche mich, ziehe mich an und gehe zu Fuss ins Büro.
Wieder bin ich zu spät, ich bin es gewohnt.
Meine Chefin und die Kollegen resignieren
So bin ich eben!

Kapitel 5

Ich stelle den Wecker um eine halbe Stunde früher!

Stellen Sie sich unser Gehirn als Computer vor.

Da gibt es den Ordner **Kindheit**. Öffnen sie diesen und Sie sehen Ihre ganz persönlichen Unterordner z.B. Emotionen, Erfahrungen, Vorbilder, Verhalten.

Wenn Sie die Kriterien der **Emotionen** öffnen sehen Sie die verschiedenen Gefühle wie Angst, Freude, Hilflosigkeit, Wut, Unsicherheit, Stolz etc. abgespeichert

Wenn Sie die einzelnen **Gefühle** öffnen sehen Sie die dazu gehörenden **Körperwahrnehmungen**.

Bei Angst z.B. Herzklopfen, kalter Schweiss, enges Gefühl in der Brust etc.

Unter der Körperwahrnehmung Angst kommt dann wiederum ein Ordner mit der Rubrik **Verhalten**

Bei Angst z.B. Flüchten, Kämpfen, Erstarren. Das könnte in der Kindheit Wutanfälle mit Zerstören von Spielzeug sein, weinen, weglaufen, sich verkriechen, Angst verdrängen und mit körperlichen Symptomen reagieren, usw.

Als Kleinkind nehmen wir zuerst nur die Gefühle war, später versuchen wir sie uns zu erklären, damit das Gefühl einen Sinn macht, hier werden auch die «Glaubenssätze» gebildet. Z.B. ich bin Schuld, ich bin nicht liebenswert etc.
Jedes Gehirn hat seine eigene individuelle Entwicklungsgeschichte, seine eigene Landkarte und Landschaft.

Beispiel: wenn ich als Kind von meinem Vater nicht beachtet werde, eventuell bei Kleinigkeiten bestraft, so löst das zuerst die Emotionen Unsicherheit, Traurigkeit, Hilflosigkeit aus. Vielleicht möchte ich dann weinen oder wütend reinschlagen aber ich merke, das bringt nichts, im Gegenteil. Mit der Zeit entdecke ich, wenn ich lieb bin, gute Leistungen bringe, werde ich gelobt und bekomme Aufmerksamkeit. Mein Weinen, meine Wut, meine Trauer werden verdrängt.

So werde ich eine gute Schülerin, bin die Beste auf dem Sportplatz und in anderen Dingen.

Mein persönlicher Glaubenssatz: *«nur wenn ich gute Leistung zeige, werde ich geliebt»*.

Die ursprüngliche Traurigkeit und auch Wut hat sich als Strategie nicht bewährt, also greife ich auch als Erwachsene auf «Bewährtes» zurück, selbst wenn es zu unseren Ungunsten ist.

Werde ich als Erwachsene von meinem Chef, meinem Partner/Partnerin nicht beachtet oder sogar kritisiert, werde ich mich umso mehr anstrengen.

Unter dem Glaubenssatz: wenn ich mich noch mehr verbessere, wenn ich Ausserordentliches leiste, bekomme ich die Zuwendung, welche ich immer noch sehnsüchtig erwarte.

Es kann gut sein, dass mein Körper seine Traurigkeit oder Wut anders auslebt, mit Magenbeschwerden, Bluthochdruck, Rückenbeschwerden, Asthma etc.

Der Ordner Kindheit ist wieder einmal aufgegangen.

Wir haben aber die Maus in der Hand! Sie denken: «ja aber, das läuft doch unbewusst, ich kann den Speicher doch nicht löschen und der ist ja auch noch auf der externen Platte gespeichert und auf dem USB Stick».

Ich müsste ja die ganze Festplatte zerstören!

Keine Angst, es wird nichts gelöscht. Im Gegenteil die alten Ordner sind wichtig, unsere Erfahrungen und Gefühle sind wichtig. Wir können sie nutzen und daran wachsen.

Es geht jetzt darum die Maus kontrolliert zu führen, es geht darum Glaubenssätze zu hinterfragen und wenn nötig zu verändern. Wenn das Gehirn alle Erfahrungen, Emotionen abspeichert, so kann es auch neue Erfahrungen, neue Emotionen und neues Verhalten abspeichern.

Das tönt jetzt so einfach. **Nein, das ist es nicht, definitiv nicht!**

Auch alte Muster haben Zeit gebraucht, bis sie installiert wurden.

Also üben, üben und nochmals üben.

Das Gehirn ist lernbereit bis ins hohe Alter. Stärker benutzte Hirnareale nehmen zu, ähnlich wie bei körperlichem Training die Muskulatur. Musiker verfügen über grössere sensorische Projektionsfelder für spezifisch motorische Funktionen. Lernen ist nicht nur ein kognitiver Prozess. Auch emotionale Gestimmtheit kann neu gelernt werden.

Es kann sein, dass Sie Ihre persönlichen Speicher mit traumatischen oder immer wiederkehrenden Verletzungen gefüllt sind.

Sie sind nicht in der Lage die Maus selber zu führen, so ermuntere ich Sie professionelle Hilfe in Anspruch zu nehmen.
Es lohnt sich ein neuer Ordner auf zu tun. Mit oder ohne Hilfe:

Das innere Kind kennen lernen, statt verdrängen. Welche aktuellen Gefühle lösen die alten «alten kindlichen Gefühle aus», welche Bedürfnisse wurden damals nicht erfüllt oder verletzt und welcher Glaubenssatz taucht nun in der aktuellen Situation auf?

Welches Verhalten wäre in der aktuellen Situation und in meinem heutigen Alter passend?

Wir sind für unsere Gedanken und unser Verhalten verantwortlich.
Wir schaden uns mit negativen Gedanken und Gefühlen.
Nicht negieren, sondern annehmen und selbstverantwortlich damit umgehen. Es ist nun Zeit, sich von Negativem zu lösen, alte Kränkungen loslassen, zu verzeihen, Mitgefühl für sich und andere zu entwickeln.
Ich weiss, es gibt immer wieder Rückfälle und meine beste Strategie ist der Zweifel. Meine Glaubenssätze, meine heftigen Gefühle, meine negativen Gedanken zu bezweifeln. Mit einer gewissen Distanz darüber zu reflektieren und auch im Tagebuch auf zu schreiben.
Ist das überhaupt stimmig, was ich jetzt wieder denke über mich und andere? Wie ich reagiere und agiere?

Überlegen ist meine Sichtweise logisch? Ist sie realistisch?

Natürlich ist es adäquat wütend und traurig zu sein über etwas, was nicht mit meinen Bedürfnissen, meinen Werten übereinstimmt. Dies bezieht sich aber über das aktuelle Vorkommnis und hat nicht mit dem Selbstwert von mir und anderen zu tun.

Ob die Wut aber in Selbstentwertung umschlägt, die Glaubenssätze noch mehr bestärkt werden («ich habe immer Pech, ich bin ein Versager»).

Ob die Traurigkeit in eine lange Depression umschlägt und der Gedanke aufkommt, («ich werde immer verlassen»).

Das bestimmen wir und sonst niemand anders!

Ohne meine Erlaubnis kann mich niemand beleidigen

(Roosevelt)

Ist das nicht eine Chance beim Älter werden? Endlich einen anderen Weg einzuschlagen, neue Glaubenssätze zu bilden und zu verändern, sich neu zu definieren?

Wir können den Nachmittag des Lebens nicht nach demselben Programm leben wie den Morgen, denn was am Morgen viel ist, wird am Abend wenig sein, was am Morgen wahr ist, wird am Abend unwahr sein

(Carl Gustav Jung)

---

4. Kapitel

Im Hier und Jetzt

In diesem Kapitel geht es um Ihre aktuelle Lebensphase Anhand dem Format und Arbeitsblatt der «Logischen Ebenen» erstellen Sie eine Standortbestimmung. Eine konkrete Analyse Ihrer Lebenssituation Sie erhalten den Überblick von Bereichen, wo ein Anpassung oder Veränderungsprozess nötig wäre.

Lassen wir die Vergangenheit hinter uns und kommen nun zur Gegenwart. Was gibt es da für Menschen, welche Sie trotz ihres Alters beeindrucken?
Mick Jagger, Tina Turner, Reinhold Messmer, Meryl Streep, Politiker, Unternehmerinnen. Ja, ja ich weiss, das sind Künstler oder sonst aussergewöhnliche Menschen, lassen wir den Einwand gelten.

Es gibt aber auch die «gefalteten, jungen Alten» in Ihrem Bekanntenkreis. Wie wär's mit dem Nachbarn, welcher sich mit 68 noch jeden Tag auf sein Rennfahrrad schwingt und seine 80-km-Tour macht?
Oder Cousine Ruth, die im Malkurs ihren Talenten frönt und sogar einige ihrer Bilder ausstellen konnte?

Oder wie wär's mit Freund Peter, welcher sich zehn Jahre vor der Pensionierung selbständig gemacht hat?

Alle sehen gut 10 Jahre jünger aus auch ohne Lifting.
Gute Gene sagen Sie, okay auch das lasse ich zum Teil gelten.
Das wäre nichts für Sie, weil Sie in ihrem Alter nichts mehr dazu lernen können, weil der Rücken zu sehr schmerzt, weil Sie in Ihrem Alter nichts mehr Neues anfangen wollen… wofür denn? Weil Sie ihre Pensionierung «geniessen» wollen, Sie haben schliesslich ein Leben lang «geschuftet».

Es stellt sich nur die Frage, was heisst für Sie geniessen?

Wenn Sie all diese Wenn's und Aber als Gegenargument bringen, so können Sie das Buch auf die Seite legen oder verschenken.

Die Neugierigen machen weiter auf der Entdeckungsreise.

Neugierde kennt kein Alter

Brauchen wir eigentlich in unserem Alter noch Vorbilder? Sind wir nicht endlich in einer Lebensphase, in welcher wir uns neu entdecken, definieren und vielleicht selbst zum Vorbild für Jüngere werden?

«das ganze Leben ist ein ewiges Wiederanfangen»

(Hugo von Hofmannsthal)

Eine Standortbestimmung anhand der Logischen Ebenen

In der ersten Woche nach meiner Pensionierung fuhr ich ins Kloster um zu fasten. Innehalten und entrümpeln war mein Motto. Eine Gewichtsabnahme stand bei mir als schlanker Frau nicht im Vordergrund. Nach 28 Jahren Vollzeitstelle in der Psychiatrie war vorerst die Luft raus. Ein halbes Jahr vorher erreichte ich den Abschluss in Supervision/Coaching BSO und den eidgenössischen Fachausweis Ausbilderin. Dazu musste ich zwei Zertifikatsarbeiten schreiben und ich konnte es kaum erwarten, endlich auf der faulen Haut zu liegen.

Mit etwas Wehmut überließ ich «mein» Büro, «meine» Abteilungen und «meine» Mitarbeiter einer jüngeren Führungsperson.
Mit der Abgabe des Büroschlüssels, dem Wechseln des Namenschildes an der Türe und der Rückgabe meiner Identifikationskarte trat ich zugleich meine Rolle als Führungsperson ab. Loslassen hiess die Devise.
In der kommenden Woche wollte ich nun Abschied nehmen von meiner Identität als Bereichsleiterin und Arbeitnehmerin

Ich ging in Rente – ein einschneidender Lebensabschnitt!

Gleichzeitig war mein Kopf voller Visionen für den kommenden neuen Lebensabschnitt. Mein Ziel war es, als selbständiger Coach, Supervisorin und Erwachsenen Bildnerin tätig zu sein.

Es war mir bewusst, dass ich diesen Übergang nicht einfach wie ein Lichtschalter umkippen konnte. Ein längerer Prozess erwartete mich.

Eine Standortbestimmung gab mir Klarheit über verschiedene Belange, welche ich anhand der *Logischen Ebenen* analysierte. So war ich besser gerüstet auf die Dinge die da kommen sollten.
Durch die zum Teil gravierenden Veränderungen auf körperlicher, psychischer und sozialer Ebene war es nötig mich neu zu definieren.
Wer bin ich als Pensionierte? Welche Fähigkeiten habe ich? Welche Werte sind mir immer noch wichtig? Was möchte ich noch erreichen? Welche Mission habe ich? Stimmt meine Umwelt noch? Was hat sich verändert, was ist neu dazu gekommen?
Die Identität ist in Frage gestellt und durch Einwirkungen äußerer Einflüsse sind die erlernten Bewältigungsmechanismen nur noch teilweise anwendbar.
So gesehen handelt es sich nicht nur um einen Veränderungsprozess sondern auch um einen Anpassungsprozess.
Das Ende der Berufstätigkeit ist ein kritisches Lebensereignis, welches das seelische Gleichgewicht gefährden kann.
Aus eigener Erfahrung kann ich nicht genug darauf hinweisen, dass es wichtig ist frühzeitig mit dem «Weichen stellen» an zu fangen.

Die Theorie der logischen Ebenen

Historisches:

Der Begriff *der logischen Ebenen* wurde Mitte der 80er Jahre von Robert Dilts geprägt. Er selber bezieht sich bei seinem Modell auf die Logischen Ebenen des Lernens und der Veränderung von Gregory Bateson, dem wiederum die Theorie der logischen Typen in der Mathematik von Bertrand Russel vorhergeht. Bei Dilts handelt es sich zunächst um fünf Ebenen:

1. Umwelt/Kontext, 2. Verhalten, 3. Fähigkeiten, 4. Werte/Überzeugungen und 5. Identität/Rolle. Erst später kam die Zugehörigkeit hinzu.

Je nach Autor unterscheidet man heute 6–10 Ebenen.

Das Modell der *Logischen Ebenen* beschreibt die Ebenen der Veränderungen. Es liefert Informationen über den besten Punkt, an dem eine Veränderungsarbeit ansetzen kann. Die Logischen Ebenen dienen der Klärung, wo z.B. ein Problem, ein Ziel oder die eigene Mission angesiedelt ist. Die Veränderungsarbeit setzt dann in der Regel auf der nächst höheren Ebene an. Die logischen Ebenen sind hierarchisch gegliederte Ebenen des Denkens, die sich wechselseitig beeinflussen: Umwelt, Verhalten, Fähigkeiten, Werte, Identität, Zugehörigkeit und Spiritualität

Ist Ihnen das zu theoretisch? Ich erkläre Ihnen dies am Beispiel der Umwelt (Kontext)

Wenn Sie zum Beispiel im obersten Stock wohnen **(Umwelt/Kontext)** und auf Grund körperlicher Gebresten die Treppen nicht mehr hochsteigen können **(Körperliches, Verhalten, Fähigkeiten)**, so haben Sie die Möglichkeit Anpassungen vor zu nehmen. Sport, um die Arthrose und Muskelkraft günstig zu beeinflussen, in den untersten Stock zügeln oder eine Wohnung mit Lift suchen. So können Sie sowohl den Kontext ändern (zügeln) oder durch Muskelaufbau ihre Fähigkeiten verbessern.
Je mehr Sie sich selbstverantwortlich um Ihre Probleme kümmern können, desto grösser die Motivation und das Gelingen des Veränderungsprozesses.

Das Format der logischen Ebenen *Darstellung nach NLP Akademie Schweiz*

(Silveragecoaching® angepasst mit Körperlichkeit und Spiritualität)

Spiritualität	Sterben, Tod Suchen Versöhnen Bilanzieren
Zugehörigkeit	Wofür noch? Was ist meine Aufgabe? Mission
Identität, Rolle	Wer bin ich als älterer Mensch? Neue Rolle?
Werte	Bedürfnisse Neue und alte Werte, Glaubenssätze? Was ist mir wichtig als älterer Mensch?
Fähigkeiten	Was kann ich (noch) Neu können? Meine Stärken, verborgene Talente?
Verhalten	Was? Tun. Was sieht man von außen? Wie verhalte ich mich als älterer Mensch?
Kontext	Wann? Wo? Wer? Mit wem? Menschen, Tiere Meine berufliche und private Umgebung. Finanzen, Vereine, Stadt/Land?
Körper/Emotionen	Veränderungen? Was, wo, wie genau im Körper? Stimmungsveränderung?

Detaillierte Überprüfung ihrer persönlichen Situation

Körperlichkeit:
Verminderung der körperlichen Leistungsfähigkeit
Ein-/Durchschlafstörungen
Verminderung der Seh- und Hörfähigkeit
Sexuelle Störungen, Nachlassen von Libido und Potenz
Gewichtszunahme, Veränderung der Figur
Haarausfall
Abnahme Muskelkraft
Wechseljahrbeschwerden, Prostatabeschwerden
«Zipperlein»
Altersflecken,
Schmerzen durch Arthrose, Rheuma, Gicht etc.
Sport/Entspannung/Ernährung
Medikamenten Einnahme und event. Nebenwirkungen

Stimmung: niedergeschlagen, traurig, hoffnungslos, einsam?
Hoffnungsvoll, fröhlich, humorvoll, motiviert
Das Gefühl jünger zu sein, als die Jahreszahl in Ihrem Pass?
Das Gefühl nicht mehr attraktiv zu sein
Das Gefühl «alt» zu sein?
Neugierig auf zukünftige Jahre, Visionen, Ziele, Wünsche?

Kontext:
Wohnform, Wohnort,
Auswandern in den «Süden» als Option?
Partnerschaft, Kinder/Enkel, soziale Kontakte, Haustiere?
Berufliche Situation, Vereine
Ihre Hobbys?
Was besitzen Sie materiell?
Wie sieht Ihre finanzielle Vorsorge und Situation aus?

Verhalten:
Wie verhalten Sie Sich?
Laufen Sie noch jedes Jahr einen Marathon? Klettert Sie immer noch auf 4000er Berge?
Sitzen Sie zu Hause und langweilen sich?
Sprechen Sie vor allem über Ihre Gebresten, sind Gespräche über die Vergangenheit im Focus?
Sprechen Sie über die Zukunft?
Lästern Sie über die «schlimme» Jugend?
Wie gehen Sie mit Ihrer Partnerin, Ihrem Partner um?
Wie verhalten Sie sich im beruflichen Umfeld?
Sind Sie offen für Neues?
Flexibel/ Unflexibel im Denken und Handeln?

Fähigkeiten:
Auflisten welche Fähigkeiten in jüngeren Jahren bereits vorhanden waren, im beruflichen und privaten Kontext.
Was sind Ihre Stärken?
Ihre Schwächen?
Welche sind nicht mehr vorhanden und weshalb? Z.B. Autofahren?
Was ist neu dazugekommen, z.B. geduldiger, gelassener?
Haben Sie neue Talente und Interessen entdeckt?
Erworbene Kompetenzen im Laufe des Lebens

Werte, Glaubenssätze/Lebensphilosophie
Werte Hierarchie erstellen, haben sich Ihre Werte, Bedürfnisse, Überzeugungen verändert? Wie können Sie Ihre Werte leben, wenn sich die äußeren Umstände verändert haben?
Welche Überzeugungen begleiten Sie in dieser neuen Lebensphase?
Sind sie hinderlich oder förderlich?
Welche Assoziationen löst das Wort «Alter» bei ihnen aus?

Identität, Rolle:
Wer sind Sie in der neuen Rolle? Wer sind Sie in der neuen Lebensphase?
Was glauben Sie, denken andere über Sie?
Was mussten Sie aufgeben, welche Funktion, welche Rolle? Beruflich und privat.
Wie gehen sie damit um?
Wie definieren Sie sich als älterer Mensch?

Zugehörigkeit
Was ist meine Aufgabe im Alter? Meine Mission? Wofür?
Zu wem fühle ich mich zugehörig?
Teams, Organisation? Familie?

Spiritualität /Leben/ Sterben/Tod:
Was ist der Sinn? Was bringt Ihnen das «Ganze» entgegen? Beschäftigung mit Sterben und Tod. Zunahme der Verluste von Freunden, Bekannten, nahen Angehörigen. Glaube. Was heißt in der neuen Lebensphase Spiritualität für Sie. Wie leben Sie diese?

Nichts ist ewig, weder in der Natur noch im Menschenleben,
ewig ist nur der Wechsel, die Veränderung
(August Bebel)

Füllen Sie nun das Format anhand Ihrer aktuellen Situation und Befindlichkeit aus.

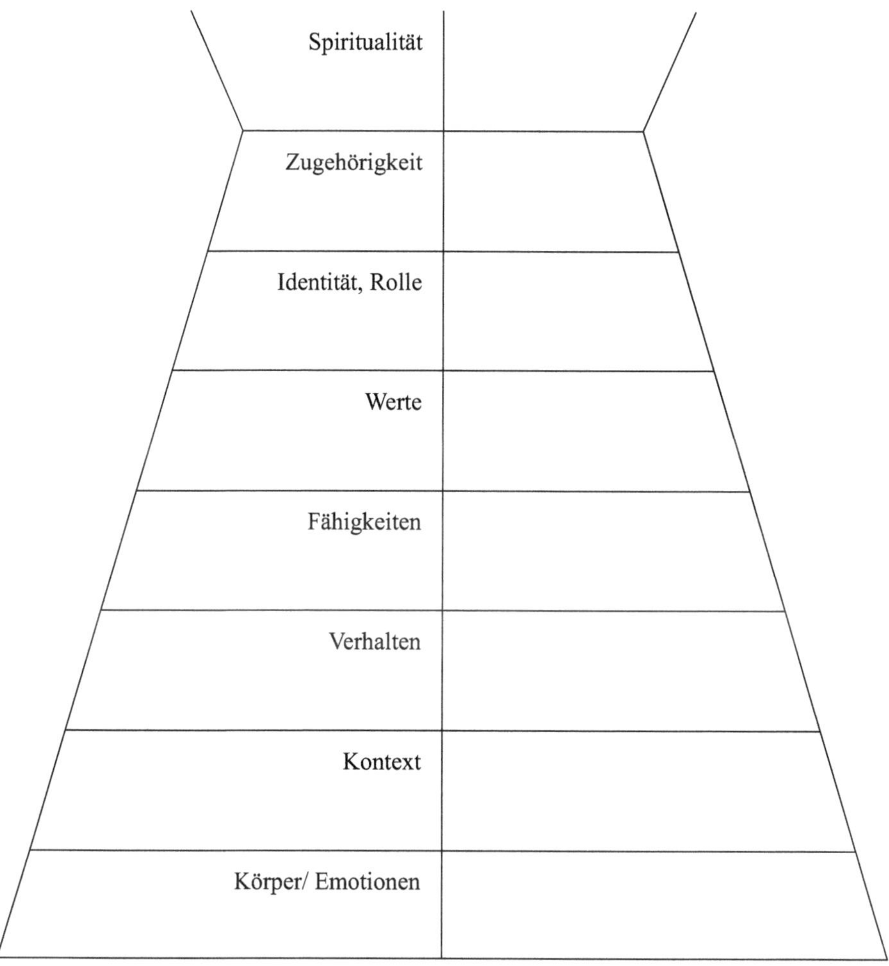

(Darstellung NLP Akademie, Schweiz)

Wie bereits erwähnt eignet sich dieses Format auch zur Problemanalyse und Zielbestimmung, gibt Aufschluss auf welcher Ebene ein Veränderungsprozess/Anpassungsprozess stattfinden könnte.

Anhand eines anderen Beispiels möchte ich Ihnen nochmals die Wechselwirkungen aufzeigen. Anlässlich eines Seminars zur Vorbereitung auf die Pensionierung erzählte uns eine Frau folgende Geschichte:

Der Mann, der das Gewürzregal seiner Frau neu organisierte

Herr B. ist seit einem halben Jahr pensioniert. Als Manager einer größeren Firma war er es gewohnt zu organisieren und zu delegieren. Als ehemaliger Leichtathlet trieb er sich bis ins Alter von 55 Jahren zu Höchstleistungen an. Wegen einer Diskus-Hernie hat er den Sport aufgegeben.

Sein neuer Lebensabschnitt will er nun mit seiner Frau genießen, welche seit ihrer Pensionierung als Lehrerin vorwiegend als Hausfrau tätig ist, gerne liest, reist, ehrenamtlich in einem Verein beschäftigt ist, Nachhilfestunden gibt und einmal in der Woche die Enkelin betreut.
Ausruhen und Lesen können ist sein langgehegter Wunsch. Der erste Monat kommt ihm vor wie das sprichwörtliche Paradies, Ferien pur.
Seine Frau spricht ihn manchmal darauf an, ob er sich nicht ein Hobby zu tun wolle.
Es fällt ihr auf, dass ihr Mann immer häufiger unruhig in der Wohnung umher tigert. Er fängt mal das oder jenes an und immer öfters hinterfragt er die Haushaltsführung seiner Gattin und beginnt sie zu kritisieren. Dazu kommt, dass er zu Hause eine Krawatte trägt, als wolle er gleich an eine Sitzung gehen.

Eines Tages platzt der Frau der Kragen, was ist passiert?
Das Gewürzregal ist neu eingeordnet, sortiert nach Alphabet

Anis… Basilikum… Curry…!

Anhand der *logischen Ebenen* sieht man die Wechselwirkungen in den verschiedenen Bereichen:
Kontext: zu Hause, Haushalt, mit der Ehefrau

Verhalten: neu organisieren des Gewürzregals, Einmischung in die Haushaltsführung, kritisieren der Ehefrau

Fähigkeiten: organisieren, delegieren, strukturieren

Werte/ Glaubenssatz: zu etwas gebraucht zu werden, andere unterstützen, Anerkennung, Respekt, Glaubenssatz: «nur wenn ich etwas leiste, bekomme ich Aufmerksamkeit»

Identität: Manager (mit Äußerlichkeit, Krawatte zu Hause tragen) Der Rollen Wechsel vom Manager zum pensionierten Mann hat noch nicht stattgefunden.

Zugehörigkeit: zur arbeitenden Bevölkerung, Erwachsenen Lebensabschnitt

In einem Coaching oder Selbstanalyse könnten nun folgende Punkte bearbeitet werden:

- Wie und wo kann er seine Fähigkeiten und sein Bedürfnis, noch gebraucht zu werden, sinnvoll einsetzen?
- Wie kann das zukünftige Zusammenleben mit seiner Frau gestaltet werden?
- Glaubenssatz Veränderung: «ich bekomme auch Anerkennung und Zuneigung ohne Höchstleistungen zu zeigen».
- Welche Sportart würde sich für ihn eignen?

Persönliche Standortbestimmung 55, 60, 70+

Überprüfen Sie nun anhand des Formats Ihre persönliche Standortbestimmung. Gibt es Bereiche wo Sie Veränderungen feststellen können und Anpassungen nötig sind? Zeigen sich Problemfelder? Gibt es Werte/ Bedürfnisse welche Ihnen wichtig sind aber nicht mehr gelebt werden können, wo und wie könnten diese erfüllt werden? Wie sieht es aus mit Wünschen, Visionen, Zielen?

5. Kapitel

Zukunft

Blockierende Glaubenssätze hinterfragen und auflösen
Verbale Schlagfertigkeit erwerben
Arbeitsblätter, Glaubenssätze

Sie haben also Visionen, Ideen und Wünsche wie Sie Ihre neue Lebensphase gestalten könnten? «gesagt, getan»!

Nichts leichter als das denken Sie.

Aber haben Sie Ihre Glaubensätze überprüft? Welches sind Ihre Überzeugungen punkto Alter?

z.B. *«was Hänschen nicht lernt, lernt Hans nimmermehr»*.

Kommt ihnen dieser Satz bekannt vor und denken Sie, natürlich ganz im hintersten Winkel ihrer Überzeugungen, dass wohl etwas Wahres an dieser Aussage sein muss.
Da kann die Hirnforschung schon lange bewiesen haben, dass die Plastizität des Gehirns bis ins hohe Alter erhalten bleibt und noch neue Nervenverbindungen entstehen können.
Nichts hält sich so zäh, wie alt überlieferte und innere Glaubenssätze und Sprichwörter. Wir nehmen sie zur Kenntnis ohne sie zu relativieren oder gar in Frage zu stellen.

Dazu kommen die «wohlgemeinten» Ermahnungen aus unserer Umgebung:

- Wenn **man** 60 ist, sollte man keine Weiterbildung mehr machen, **man** wird sowieso bald pensioniert
- Das würde ich mir in deinem Alter nicht mehr an tun
- Lieber du als ich
- Das kann ja nicht gut gehen in deinem Alter
- Ein alter Baum soll **man** nicht mehr verpflanzen

Vielleicht kommen Ihnen auch noch andere Aussagen in den Sinn.

Schreiben Sie diese auf und überprüfen Sie diese, ob das wirklich Ihre eigenen Überzeugungen sind oder ob sie überliefert sind (Opa hatte immer Recht).

Auch vorgefasste Meinungen von anderen (Bekannten, Freunde, Partner):

____

____

____

____

____

____

____

____

____

____

Haben Sie auch schon bemerkt, wie hinderlich diese Überzeugungen bei Ihrer Zielerreichung sind? Wünsche, Ideen, Bedürfnisse werden schon gar nicht in Angriff genommen.

Nur weil der Zeichnungslehrer Ihnen vor 40/50 Jahren eingeredet hat, Sie würden ungefähr so malen, wie eine Kuh englisch spricht, sollten Sie deshalb Ihren Wunsch nach Malen aufgeben?

Ja, sehr wahrscheinlich werden Sie nie ein neuer Picasso aber vielleicht bringt Ihnen das Malen Ruhe, Gelassenheit und Freude. Vielleicht lernen sie in einem Kurs neue Menschen kennen.

Wir bekommen das was wir erwarten!

Wenn man davon ausgeht, dass man im Alter körperlich und geistig abbaut, wird es wahrscheinlich auch so kommen.

Wenn man jedoch erwartet jünger zu werden und länger leben zu können, wird genau das geschehen.

Wir sind die einzigen Wesen auf der Erde, die ihre natürlichen Lebensvorgänge durch das was sie denken und fühlen verändern können. Wir besitzen das einzige Nervensystem, das sich des Alterns bewusst ist. Und weil wir dieses Bewusstsein haben, beeinflusst unsere geistige Verfassung auch das was wir wahrnehmen.

Eine interessante Studie führte die Psychologin Ellen Langer in Harvard durch. Sie bat eine Gruppe von Männern, die alle 75 Jahre und älter waren, sich so verhalten, als wären sie viele Jahre jünger (so tun als ob).

Sie wurden nicht sofort unterstützt, falls etwas Mühe machte und erhielten Selbstverantwortung in der Alltagsbewältigung.
Die Umgebung wurde dementsprechend gestaltet.
Möbel aus den 50er Jahren, Schallplatten mit alten Hits, alte Zeitungen und Illustrierten, Filme und Tagesschauaufzeichnungen mit dem politischen Geschehen von damals.
Schon nach fünf Tagen zeigten sich bei ihnen körperliche Veränderungen, die auf die Umkehrung des Alterungsvorgangs hindeuten:

Ihr Hör- und Sehvermögen wurde besser, ihre manuelle Geschicklichkeit wuchs und ihre Gelenke waren wieder beweglicher.

Da heisst aber nicht, dass wir sofort Botox spritzen lassen und uns wie Teenies gebärden müssen, sondern es ist unsere innere Haltung und unser Denken über das Alter, welches massgeblich ist.

Das Verändern von Glaubenssätzen

Schon in meiner Jugend war ich sportlich, begann aber erst im zarten Alter von Fünfzig mit Joggen.

Zuerst 5 km, dann 10 km , dann mein erster Volkslauf. In einem Lauftreff lernte ich gleichgesinnte Leute kennen, alle in meinem Alter. Drei von ihnen hatten

schon Marathonerfahrung. Damals für mich überhaupt kein Thema.
Nach etwa 3 drei Jahren absolvierte ich meinen ersten Halbmarathon und weitere folgten.
Meine Kolleginnen motivierten mich, einen Marathon in Angriff zu nehmen.
Die unsportlichen Bekannten fanden, ich würde nun total «spinnen»
«Was soll das in deinem Alter?»
«Denk an deine Gelenke!» Und weitere motivierende Aussagen.

Ich ging über meine inneren Bücher
Möchte ich das überhaupt?
Was motiviert mich?
Was ist meine innere Überzeugung?
Welches sind meine Ressourcen?
Was brauche ich zur Zielerreichung?
Eine Einschätzung der Realisierbarkeit

Bin ich **zu** alt dazu?

Mit einem NLP Format, **dem Bedeutungs-Reframing** veränderte ich die Bedeutung von **«zu alt»**

(Frame bedeutet Rahmen, die Aussage «zu alt» wird nun in einen anderen Rahmen gesetzt resp. eine andere Bedeutung und Wert gegeben).

Dass ich älter bin

- bedeutet, dass ich **aber** geduldiger und gelassener bin
- Ich nehme meinen Körper **aber** besser wahr als in jüngeren Jahren
- Ich bin **aber** durchsetzungsfähiger geworden
- Ich habe **aber** mehr Disziplin
- Ich kann **aber** schöne Momente besser wahrnehmen und geniessen

Dazu kam, die Erfahrung mit den Halbmarathons.

Meine Bereitschaft zu trainieren,
Meine innere Überzeugung: ich kann das und es wird mir Spass machen.

So war mein Ziel «ich laufe den Marathon bis ins Ziel, in einem guten körperlichen Zustand, mit Begeisterung, Neugierde und Freude.»
Die Laufzeit war für mich kein Thema.

Ich wusste, ich werde nie Weltmeisterin sein aber ich war überzeugt, ich werde mein Ziel erreichen.

Nun, es hat geklappt und ich habe in den nächsten Jahren noch zwei weitere Marathons bestritten. Zu meinem 60. Geburtstag schenkte ich mir den New Yorker Marathon.

Ich bin überzeugt, wenn ich die blockierenden Glaubenssätze von anderen übernommen hätte, wäre es mir nie möglich gewesen.

Ob du glaubst, dass du es schaffst, oder ob du glaubst, dass du es nicht schaffst – du wirst auf alle Fälle Recht haben!

(Henry Ford 1863–1947 Automobileproduzent)

Verändern Sie nun den Satz **«ich bin zu alt»** mit ihrem persönlichen **«Aber» und lassen sie das «ZU» weg und verwenden Sie stattdessen älter geworden statt «alt»** und verwenden Sie natürlich nur positive Eigenschaften.

Z.B. dass ich älter geworden bin, heisst aber, dass ich Lebenserfahrung habe

Ich bin älter geworden, das bedeutet aber, ich bin geduldiger als in jungen Jahren

____

____

____

____

____

____

____

____

Verfahren Sie mit Ihren anderen **Zu-Aussagen** ebenso

Aussage/Glaubenssatz: Ich bin **zu**...

____

____

____

____

____

____

Schlagfertige Antworten auf negative Glaubenssätze

«Sleight of Mouth» Pattern *eine weitere Möglichkeit zum Verändern von Glaubenssätzen*

(NLP Akademie, Schweiz)

Sleight of Mouth Pattern sind sprachliche Konstrukte zur Lockerung und Veränderung von Glaubenssätzen.
Da Glaubenssätze sehr stabil sind, gegenüber direktem Widerspruch («X stimmt nicht»! Antwort: «doch!») arbeiten die Sleight of Mouth subtiler, oft eingebettet in Fragen. Sie eignen sich insbesondere gegen «wenn-dann» (Ursache – Wirkung) und «…bedeutet…» (Komplexe Äquivalenz) Glaubensätze.

Historisches:

Die 14 Sleight of Mouth Pattern wurden Anfang der 80er Jahre von Robert Dilts (NLP Entwickler) beschrieben. Sie sind das Ergebnis des Modellierens verbaler Strukturen von Platon, Sokrates, Jesus, Abraham Lincoln, Mohandas Gandhi, Clarence Darrow, Milton Erickson und Richard Bandler (NLP Begründer).

Dilts erkannte, dass diese Menschen bestimmte effektive verbale Strukturen nutzen, um andere Menschen zu überzeugen und ihre Glaubenssätze und Glaubenssysteme zu beeinflussen. Der Begriff «Sleight of Mouth» Pattern wurde von «Sleight of Hand» was Fingerfertigkeit beim Kartenspiel bedeutet, abgeleitet.

Anwendung Einsatz:

Sleight of Mouth Pattern werden eingesetzt, um Glaubenssätze zu verändern und um in Gesprächen schlagfertig zu (re)agieren.

Im Einsatz «wenn-dann» und «...bedeutet...» Glaubenssätze sind sie besonders wirkungsvoll. Sie verneinen nicht einfach die Aussagen (Glaubenssätze sind in der Regel nicht logisch widerlegbar) sondern ähnlich dem Tai-Chi in der Kampfkunst nehmen sie die Energie des Glaubenssatzes auf und leiten diese in eine andere Richtung.

Wichtig ist aber, dass man zum Gegenüber einen guten und wertschätzenden «Draht» hat, da die Sleight of Mouth sonst zu reiner Provokation verkommen.
Es gibt 14 Sleight of Mouth Modelle. Ich möchte hier aber nicht alle aufführen, sondern nur einige Beispiele nennen und wie ich persönlich auf Glaubenssätze regiert habe.

Glaubenssatz: «Wenn man 60 ist, dann sollte man keine Marathons mehr laufen»

Antwort 1: «Wie kommst du zu dieser Annahme? «Woher weisst du das? (Realitätsstrategie, **Hinterfragen** des Glaubenssatzes)

Antwort 2: Du findest, ich soll keine Marathons laufen, was möchtest du eigentlich sagen? (Finde hinter der Aussage die **positive Absicht**, vielleicht ist deinem Gegenüber deine Gesundheit wichtig)

Antwort 3: Als du letztes Jahr als 65jähriger auf einem Trecking im Himalaya warst, fühltest du dich noch fit genug? (Formuliere zum Glaubenssatz ein **Gegenbeispiel**)

Antwort 4: Du meinst, alle 60jährigen Menschen, welche Marathon laufen halten sich nicht an die « Regeln» der älteren Menschen? (**Verallgemeinere** den Glaubenssatz, die Beziehung der Glaubenssatzteile wird aufgelöst)

Antwort 5: «Anstatt mit dir über das Für und Wider von Marathons zu sprechen, möchte ich lieber mit dir über New York sprechen, welches du ja so gut kennst.» (**Ausrichtung** auf ein anderes, **lohnendes Ziel**)

Antwort 6: «Wenn das jetzt stimmt, was du sagst, werde ich keinen Marathon laufen, sonst passiert mir was Schlimmes» (Fordere den Glaubenssatz heraus, indem du die positive oder negative **Konsequenz der Aussage** formulierst)

Antwort 7: «Wann genau sollte man mit Marathonlaufen aufhören? Mit 58 oder 62? Deine Aussage lässt sich sicher noch präziser formulieren» (spezifiziere was genau, wann genau? Die Verallgemeinerung durch den Glaubenssatz wird aufgelöst)

Formulieren Sie nun einen Glaubenssatz oder Glaubenssätze über das Alter von aussen, welche Sie bei Ihren Vorhaben, Ihre Ziele blockieren und kreieren Sie mögliche Antworten.

Ihr Ziel: Ich

werde: ______________________________

wünsche mir: ______________________________

möchte: ______________________________

Glaubenssatz (von anderen Personen)

Wenn Du, wenn

man ______________________, dann ______________________

Antwort 1:

____

____

____

Antwort 2:

____

____

____

Antwort 3:

____

____

____

Antwort 4:

____

____

____

Was ist aber mit Ihren inneren Überzeugungen, welche sie immer wieder blockieren?

Anhand ihrer Lebenslinie-Zeichnung haben Sie bereits einige Stolpersteine/blockierende Glaubensätze/innere Überzeugungen entdeckt.

Beginnen Sie zu zweifeln und stellen Sie diese in Frage!

Müssen wir in unserem Alter noch alles glauben? Sind unsere inneren Überzeugungen eigentlich noch stimmig und nicht schon lange überholt?

Werden Sie hellhörig, wenn Sie mit den Worten «immer» «alle» «überall» argumentieren und Ihre Glaubenssätze «verteidigen»
Was ist mit den Ausnahmen?
Zweifeln und relativieren Sie!

Ecken Sie wirklich **überall** an?
Sind wirklich **alle** Ihre Vorhaben bachab gegangen?
Wurden Sie **immer** enttäuscht?

Lehr mich das Gute auch im Kleinen sehen und hinter allem Tun ein helles Ziel und lass doch das Herz mir immer offen stehen für dieses bunte Lebens seltsam Spiel

(Blasius, ein Basler Heimatdichter)

Notieren Sie 1–3 einschränkende persönliche Überzeugungen

Bilden Sie nun «Spiegelsätze»

Beispiele:

Einschränkender Glaubenssatz: *«nur wenn das Ergebnis perfekt ist, bin ich okay»*
Spiegelsatz: *«Zufriedenheit geht über Perfektionismus»*

Einschränkender Glaubenssatz: *«bringt eh nichts, wird sowieso schief gehen»*
Spiegelsatz: *«Probieren, geht über Studieren», wer wagt, gewinnt»*

Erarbeiten Sie Ihre unterstützenden Spiegelsätze:

Blockierender Glaubenssatz: ______________________________

____

Spiegelsatz: ______________________________

____

Blockierender Glaubenssatz: ______________________________

____

Spiegelsatz: ______________________________

____

Blockierender Glaubenssatz: ______________________________

____

Spiegelsatz: ______________________________________

____

Verwenden Sie Ihre individuellen Spiegelsätze als Affirmation. Sprechen Sie diese mehrmals am Tag vor sich hin oder als innerer Dialog, z.B. auch vor dem Schlafen und am Morgen beim Aufwachen. Integrieren Sie ihren neuen Glaubenssatz.

Jeder der sich die Fähigkeit erhält,
Schönes zu erkennen, wird nie alt werden.

(Franz Kafka)

---

6. Kapitel

Von Ressourcen und Werten

Sie entdecken Ihre persönlichen Ressourcen Welches sind Ihre erworbenen Altersressourcen? Ihre Wertehierarchie Arbeitsblätter Ressourcen und Werte/Bedürfnisse

Was sind eigentlich Ressourcen? Ganz allgemein sind Ressourcen Kraftquellen, Hilfen, Unterstützung:

Von aussen: Personen, Orte, Vorbilder, Bücher, Geld, Musik, Tiere, Garten, Pflanzen, Transportmittel, Medien, Ausbildungen, Ferien, Sport, Bewegung usw.

Von innen: Talente, Fähigkeiten, Gefühle, Intuition, Ideen, Erlebnisse, Knowhow, Erfahrungen usw.

Wo finden wir Ressourcen? In unserer Geschichte, in der Vergangenheit und der Gegenwart. Ziele, Ideen und Pläne für die Zukunft.

Ein Lächeln, eine Blume, Düfte, Musik beeinflusst unseren Zustand, gute Gespräche, angenehme Erlebnisse lassen uns gut fühlen.

Ein persönliches Beispiel:

Den Zieleinlauf bei meinem ersten Marathon habe ich fest in meiner Erinnerung gespeichert.
Wenn ich die Augen schliesse und mir das nochmals vorstelle, sehe ich die Leute am Strassenrand, höre die motivierenden Zurufe, sehe einen Freund, welcher mich fotografiert. Ich spüre den Jubel und Stolz in mir und die Gänsehaut auf

meiner Haut. Die lachenden Gesichter von anderen Läuferinnen und Läufern. Ich rieche Schweiss und Muskelsalbe und spüre meine müden Beine, welche auf den letzten Metern zu fliegen schienen.

Ein Erlebnis mit allen Sinnen

Als «Anker» hatte ich mir die Startnummer in meinem Büro aufgehängt und sie motivierte mich bei schwierigen Projekten und Herausforderungen aller Art.

Ich habe erlebt, dass ich Durchhaltevermögen und Disziplin bewiesen habe.
Ich denke daran, dass ich eine Herausforderung in Angriff genommen habe, welche für mich ursprünglich fast unmöglich erschien.

Ich weiss jetzt, dass ich mich und andere motivieren und begeistern kann und dass auch eine von aussen gesehene «Quälerei» Spass und Freude machen kann.

Es war eine Erkenntnis, auf meinen inneren Dialog gehört zu haben, dass ich die blockierenden Glaubenssätze von aussen in Zweifel gezogen habe und dadurch ein Erlebnis hatte, welches ich nie missen möchte und für mich wichtig war.

All diese neu entdeckten Fähigkeiten von mir gaben mir auch Sicherheit und Kompetenz in der Führungsrolle im beruflichen Kontext.

Welches sind Ihre Ressourcen?

Erinnern Sie sich an ein konkretes Ereignis, dass Ihnen Kraft, Wohlbefinden, Vitalität etc. ermöglich hat?

Schliessen Sie die Augen und gehen Sie in die Situation und erleben Sie diese nochmals «live»

- Wie alt waren sie damals?
- Waren Sie alleine oder mit anderen?
- Im Freien oder in einem Raum, wie hat es dort ausgesehen?
- Was haben Sie gehört?
- Waren Sie aktiv oder passiv?
- Welche Gefühle?
- Welche körperlichen Empfindungen, wo waren diese spürbar?

Was war wesentlich?

Personen, Natur, Tiere, Stimmen, Erfahrung, Gefühle, Musik, Ort, Umgebung, Duft, Geruch, Dinge, körperliche Aktivität. Welches waren Ihre Gedanken über sich?
Welche Gefühle tauchen **jetzt** auf und wie und wo spüren Sie diese?

Welches Symbol, welches Wort, welche Metapher, welche Musik würde dazu passen?

Mein Symbol war ja die Startnummer, welches ist Ihres?

Wählen Sie etwas, worauf Sie im Alltag zurückgreifen können, das Sie bei Herausforderungen als Ihren persönlichen Anker nutzen können.

Auf diese Weise können Sie auch weitere Ressourcen erarbeiten und vertiefen.

Persönliche Ressourcen:

Ereignis: ____

Ressourcen: ______________________________________

____

Symbol/Codewort als

Anker: ____

Ereignis: ____

Ressourcen: ______________________________________

____

Symbol/Codewort als

Anker: ____

Ereignis: ____

Ressourcen: ______________________________________

____

Symbol/Codewort als

Anker: ____

Kommen wir nun aber zu Ihren neuen «Alters-Ressourcen». Vielleicht haben Sie noch gar nicht bemerkt, welche Fähigkeiten Sie sich in all den Jahren erworben haben.

In meinen jüngeren Jahren hatte ich schreckliches Lampenfieber, wenn ich vor vielen Leuten sprechen musste. Es war eine Qual und die Eigenschaft «Auftrittskompetenz» wurde mir sicher nicht in die Wiege gelegt.

Während meiner Tätigkeit als Bereichsleiterin musste ich immer wieder Sitzungen leiten, Workshops durchführen und Referate halten. Mit der Zeit ging das immer besser und in meiner Ausbildung als Erwachsenenbildnerin konnte ich für meine Rolle als Referentin und Seminarleiterin noch zusätzliches Know-how erwerben.

Das war nun wirklich eine neue Kompetenz, welche ich erst später erworben habe und welch' eine Freude, ich kann sie heute mehr als genug nutzen.

Mein grosser Wunsch war Theater zu spielen und als ich pensioniert wurde nahm ich dieses «Projekt» in Angriff.

Zuerst spielte ich auf einer kleinen Laienbühne und nun gehöre ich ins Schauspiel-Ensemble des ältesten und traditionellsten Kellertheater in Basel. Mit 60 Aufführungen pro Saison und einem professionellen Regisseur und Infrastruktur kann man längst nicht mehr von Laienschauspiel sprechen.

Meine erworbenen Fähigkeiten, welche sich erst im Alter von etwa 50 Jahren zeigten, hat mir das Theaterspielen ermöglicht, vorher hätte ich nicht im Traum daran gedacht. Auch wenn ich den Oskar nie erhalten werde, es macht Spass!

Stellen Sie Ihr Licht nicht unter einen Scheffel!

Welche Fähigkeiten haben sich bei Ihnen im Laufe der Jahre entwickelt oder positiv verändert, welche zusätzlichen Kompetenzen sind entstanden?

____

____

____

____

____

____

Lerne neue Möglichkeiten dazu, nehme keine weg.
Es geht darum, neue Wahlmöglichkeiten zu schaffen,
Begrenzungen zu erweitern
(Grundannahme NLP)

In der neuen Lebensphase ist es wichtig die Vergangenheit mit ein zu beziehen, das Erbe des ganzen Lebens zu nutzen. Wir haben durch unsere Krisen Erfahrungen gesammelt, sind daran gewachsen, haben uns besser kennengelernt.

Werte/Bedürfnisse

Werte sind Kriterien, wofür wir etwas tun und welche uns motivieren.

Einige Beispiele:

Sicherheit, Liebe, Anerkennung, Respekt, Gesundheit, Freundschaft, Gewinn, Erfolg, Ehrlichkeit, Komfort, Frieden, Glaube, Sauberkeit, Treue, Tapferkeit, Kreativität, Einfluss, Macht etc. etc.
Einige Grundwerte werden wohl immer bleiben, je nach Kontext oder Lebensphase werden diese sich aber verändern. Einige sind plötzlich nicht mehr so wichtig, andere kommen dazu.

Erstellen Sie nun Ihre individuelle Wertehierarchie für die neue Lebensphase.

Was ist Ihnen immer noch wichtig? Worauf können Sie verzichten, ist für Ihr Alter nicht mehr relevant?

Der Wert **Autonomie** rückt für mich vermehrt in den Vordergrund.

Welche Werte sind für Sie wichtig, welche sind neu dazu gekommen?

____

____

____

____

____

____

____

____

Wenn Sie nun Ihre Werte, Ihre Bedürfnisse aufgelistet haben überlegen Sie, welche sind nun nicht mehr so einfach zu erfüllen?

Beispiel der Wert **Anerkennung:**

Falls Sie in Ihrem Beruf Anerkennung erfahren haben, wie können Sie sich in Zukunft ihr Bedürfnis erfüllen, wenn sich Ihr Umfeld verändert hat?

Wert: **Liebe**

Falls Sie Ihren Partner Ihre Partnerin verloren haben, wie können Sie dieses Bedürfnis leben und erleben?

Wert: **Einfluss**

Wenn Ihnen dieser Wert immer noch wichtig ist, wie können Sie sich das als ehemaliger Projektleiter oder Führungsbeauftragte in der Zukunft ermöglichen?

Sie haben jetzt schon einiges erarbeitet und entdeckt
eine Standortbestimmung erstellt und kennen Ihre Ressourcen, Ihre alten und neuen Kompetenzen.
Ihre Bewältigungsmechanismen sind Ihnen bewusst.
Die negativen Glaubenssätze verabschiedet oder zumindest in Zweifel gezogen.
Sie kennen Ihre Werte/ Bedürfnisse, welche für Sie in Ihrem Alter wichtig sind.

Werden Sie egoistisch

Oh je, ich hoffe nun sehr, dass ich nicht missverstanden werde. Es geht nicht darum mit Ellbogen und unsensibel durch die neue Lebensphase zu stampfen. Ich ärgere mich oft, beim Einsteigen ins Tram oder Zug, wenn ich wie von einer Dampfwalze rücksichtlos von Jung **und** Alt von der Türe weg gedrängt werde.

Nein, es geht mir um persönliche Werte und die Verantwortung, welche wir für unser Leben und unser Streben nach Glück haben.
Vom Bewusstwerden der Endlichkeit und der restlichen Zeit um Träume zu verwirklichen.
Von der Authentizität, der Aufrichtigkeit und dem Mut auch Nein sagen zu können.

Waren wir nicht genug für andere da? Privat und im Beruf.
Müssen wir immer noch die Pension «Mama» sein?
Müssen Enkelkinder immer auf Abruf betreut werden?
Müssen greise Eltern rund um die Uhr nur von uns gepflegt und betreut werden?
Müssen wir nach 40 Jahren immer noch die Launen und das Verhalten unserer Partner und Partnerinnen ertragen, obwohl wir deswegen unter psychosomatischen Krankheiten leiden?
Müssen wir unserer Nachbarin jedes Mal zusagen, wenn sie etwas von uns will?
Müssen wir Freunden immer gastfreundlich entgegen kommen, selbst wenn wir keine Lust darauf haben?

Müssen wir unser Erspartes und unser Haus unbedingt alles unseren Kindern überlassen, gönnen wir uns nichts?

Müssen wir? Diese Frage gilt es aufrichtig zu beantworten und ohne Schuldgefühle.

Oder können Sie vielleicht nicht loslassen und haben einen sekundären Gewinn in Ihrem Engagement und an Ihrer Aufopferung? Da gibt es zu überlegen, was ist die positive Absicht meines Tuns? Welche Werte stecken dahinter? Und wie könnte ich diese auch noch anders gewinnen.

Gibt es nicht eine Balance zwischen Altruismus und gesundem Egoismus?

Denken Sie an Ihre Werte, Ihre Träume, an Ihre Bedürfnisse und Ihre Kriterien für ein erfülltes Leben im Alter.

Ich helfe gerne anderen Menschen, habe 20 Jahre psychisch kranke Patientinnen und Patienten betreut, kümmere mich um meinen durch Unfall behinderten Bruder. Stehe mit Rat und Tat meinen Freundinnen und Freunden zur Verfügung ... aber ich bin weit davon entfernt eine Mutter Theresa zu sein und möchte auch nicht nach meinen Tod heiliggesprochen werden.

Ja, manchmal bin ich müde, manchmal zippt es mich in den Knochen; Muskeln, Bändern und Sehnen. Manchmal möchte ich einfach alleine mit mir sein, manchmal möchte ich niemanden sehen, keine langen Telefongespräche führen.

Dann nehme ich mir das Recht «Nein» zu sagen, liebeswürdig aber bestimmt.

Ich möchte noch Spass am Leben haben, frei von unnötigen Pflichtgefühlen und Schuldgefühlen. Einfach nach meinem Gusto und das schliesst das Mitgefühl und Hilfe für andere nicht aus.

Freiwilligen Arbeit oder Bezahlung?

Es liegt an uns zu entscheiden, wo, warum und in welchem Umfang wir Freiwilligenarbeit leisten wollen. Meine fachliche Kompetenz, meine Lebenserfahrung und meine zusätzlich vor der Pensionierung erworbene Ausbildung möchte ich honoriert haben. So zusagen als «Return of Investment».

Anerkennung, Wertschätzung, die Erfahrung weitergeben zu können, das Selbstwertgefühl zu festigen, ein Teil der Gesellschaft zu sein, voll im Leben, das sind Werte, welche in jeder Lebensphase wichtig sind und kann nicht mit einer willkürlich festgelegten Altersgrenze verschwinden und die monetäre Wertschätzung ist ein Teil davon.

Auf Almosen und Gnadenbrot verzichte ich gerne.
Freiwilligenarbeit in Verbänden und anderen Institutionen gibt es noch genügend und ich sehe dies auch als sinnvolle Ergänzung zu meinem «Altersberuf».

Seien Sie auch da egoistisch und denken Sie an sich. Wenn eine pensionierte Physiotherapeutin weiterhin als Fitness-Trainerin für Menschen 60+ arbeitet, soll sie dementsprechend honoriert werden. Ein Coiffeur in Rente muss nicht zum halben Preis arbeiten, nur weil er 65 ist. Eine ältere Steuerberaterin muss keine Dumping Stundenansätze verlangen, nur weil andere denken, die hat ja genügend Rente und könnte schon etwas günstiger sein.

Sie und nur Sie bestimmen Ihre Werte, Gedanken, Ihre Gefühle und Ihr Handeln

Stehen Sie dazu!

Bestimmen Sie, wo und in welchem Umfang Sie freiwillige Arbeit machen wollen und wo Sie für Ihre Leistung honoriert werden wollen.

7. Kapitel

Hilfe, wie nenne ich meine neue Identität?

Jetzt wird es schwierig.

... wir kranken daran, dass Älterwerden von anderen definiert wird.
In der Regel von Jüngeren, die selbst noch keine Erfahrung damit haben.
(Frank Schirrmacher, «das Methusalem-Komplott»

Seniorin?

Da muss ich an Seniorenteller und Rheumadeckenfahrten denken, muss ich definitiv nicht haben.
Ich habe noch einen gesunden Appetit und möchte einen «Erwachsenenteller».

Für Rheuma, welches ich Gottseidank (noch?) nicht habe, werde ich zu meinen eigenen Mitteln greifen. Eventuell werde ich mir wieder eine Katze zu tun, wärmt Herz und Körper und wenn ich denke, was diese Decken kosten, kann ich mir weiterhin ein Essen leisten, welches meinen Bedürfnissen entspricht.

Rentnerin?

Noch schlimmer! Da kommt mir ein gebücktes Weiblein in den Sinn, welches völlig überfordert vor einem Ticketautomat steht.

Ich bin aber noch sehr versiert im Umgang mit Smart Phones, Tablet und PC. Auch diese Fähigkeit nicht im Kindergarten erworben.

Pensionierte?

Na ja, das stimmt ja fast aber ich arbeite als Selbständige noch weiter, also trifft das auch nicht ganz zu.

Jetzt muss ich doch noch etwas loswerden, was mich jedes Mal ärgert.

Schweizer Leser und Leserinnen werden auch schon darüber gestolpert sein.

Das Grosi?

Für nicht Eingeweihte, das Grosi ist die Verniedlichung von Großmutter so typisch schweizerisch, wo wir überall ein «li» anhängen.
Das lese ich also ab und zu in den Schlagzeilen:

«Tapferes Grosi schlug Einbrecher in die Flucht oder Grosi von Fahrrad angefahren.»
Bitte verstehen Sie mich nicht falsch, ich habe überhaupt nichts gegen Grossmütter.
Bei Grosi und dem Einbrecher, sehe ich wiederum ein gebücktes Weiblein (mit Warze am Kinn) diesmal mit einem Nudelholz oder Schirm, welches den bösen Einbrecher in die Flucht schlägt. (Meine Fantasie geht wieder einmal mit mir durch).

Wenn ich an meine beste Freundin denke, dreifache Grossmutter, mit engen Jeans und Highheels, schlanker Figur und langen blonden (gefärbten) Haaren.
Na, ich weiß nicht, ob das Wort Grosi zu ihr passen würde und ob sie diese Titulierung so toll finden würde.
Sie ist aber sehr gerne Grossmutter.
Ihre Schuhe resp. Absätze wären natürlich beim Kampf gegen Einbrecher sehr nützlich.

Liebe Journalisten hier eine Anregung
Wie wäre es mit:
«66-jährige Frau schlug Einbrecher mit ihren Stöckelschuhen in die Flucht».

Wichtig!
Es sind nicht alle älteren Frauen und Männer Grosseltern.
Für mich aber das Allerwichtigste:

Das Grosi ist sächlich und ich würde es sehr schätzen nicht als ein «Es» bezeichnet zu werden, das von wegen Alter und Würde!

Sie werden sicher bemerkt haben, dass auch ich ab und zu von Seniorin spreche, Das hat sich so in unserem Sprachgebrauch eingebürgert und ist natürlich ein Überbegriff und eine Generalisierung.

Sprache, Definitionen, Glaubenssätze haben einen grossen Einfluss für unser Denken und Verhalten. Seien wir also achtsam, welche Definition für uns persönlich stimmt.
Somit kein Grosi für mich, stimmt definitiv nicht für meine Person.

Wie würden Sie nun Ihre Identität in Ihrem Alter, in Ihrer Lebensphase bezeichnen? Mit Ihren Fähigkeiten, Ihrem Verhalten, Ihren Werten, Ihrem Kontext, Ihrer Zugehörigkeit und Ihrer Vergangenheit?

Entwickeln Sie ein Slogan für sich, ein Label, ein Motto, ein Leitbild, eine Mission, eine Metapher.

Vielleicht fällt Ihnen sogar ein Logo für Ihre Visitenkarte ein. Eines, welches ganz persönlich zu Ihnen passt.

Das Logo meiner Firma ist die schottische Silberdistel:
Stachelig und doch zart
Stolz und standhaft

Eine Metapher für *Silveragecoaching*®

Beispiele:

Ich (Name), bin eine humorvolle, wissensdurstige 66-jährige Frau, ich sehe mich als bunten Blumenstrauss voller Erfahrungen, Talenten und Enthusiasmus. Gerne lasse ich meine Mitmenschen dran schnuppern

Ich (Name), bin ein 58-jähriger Pionier, welcher voller Tatendrang die nächste Herausforderung in Angriff nimmt. Meine Kompetenzen und meine Lebenserfahrung unterstützen mich bei diesem Projekt.

Ich (Name), sehe mich als guter Wein, in kostbaren Fässern gereift. Endlich darf er getrunken werden, die Geschmacksnote voller Harmonie, würzig, kräftig, einmalig und unverkennbar.

Ihr Beispiel:

Ich ____

____

____

____

____

____

Sie können diesen Slogan auch gerne mit Zeichnungen ausschmücken.

Deponieren Sie ihn so, dass sie ihn jeden Tag sehen z.B. aufhängen, im Tagebuch einkleben, als Bild rahmen etc.

8. Kapitel

Ziele 55+

Sie definieren Ihre konkreten Ziele anhand von:
Mind maps
Arbeitsblatt Zielbestimmung NLP
SMART

Noch nie ist eine Generation so alt geworden und hatte so viele Möglichkeiten die Lebensphase *Generation+* zu gestalten. Nutzen Sie die Chance!
Haben Sie schon konkrete Ziele? Taucht vielleicht ein langersehnter Wunsch, ein Bedürfnis auf?
Erinnern Sie sich daran, was Ihnen in der Jugend Spass gemacht hat und im Lauf der Jahre «verschwunden» ist?
Ist durch Ihre persönliche Standortbestimmung plötzlich eine Idee entstanden?
Entlocken die neu entdeckten Ressourcen und Kompetenzen eine Vision, eine Mission?
Haben Sie erkannt, dass sich in der neuen Lebensphase Anpassungen und neue Herausforderungen in den Vordergrund drängen?
Ist durch die neu formulierte Identität ein Gedankenblitz aufgetaucht?

Nur wer sein Ziel kennt, findet den Weg
(Laotze)

Machen Sie nun zuerst ein Brainstorming, ungeordnet eine Liste Ihrer Ideen, Wünsche, Bedürfnisse und Herausforderungen. Bewerten Sie vorerst nichts!

Mind Maps eignen sich sehr gut zum Visualisieren. Definieren Sie die Lebensbereiche, welche in Ihrer Lebensphase wichtig sind.

Greifen Sie zu Farbstiften und erstellen Sie Ihre persönliche Mind Map.
Zeichnen Sie zuerst Bereiche als Oberbegriffe z.B. Gesundheit, Partnerschaft Hobbys, Arbeit etc.

Skizieren sie nun die Details, was wollen Sie z.B. punkto Gesundheit unternehmen, welche Massnahmen wollen Sie treffen.
Werden Sie bei jedem «Zweig» konkreter. Z.B. wie oft? Wo? Mit wem?

Beispiel Mind Map

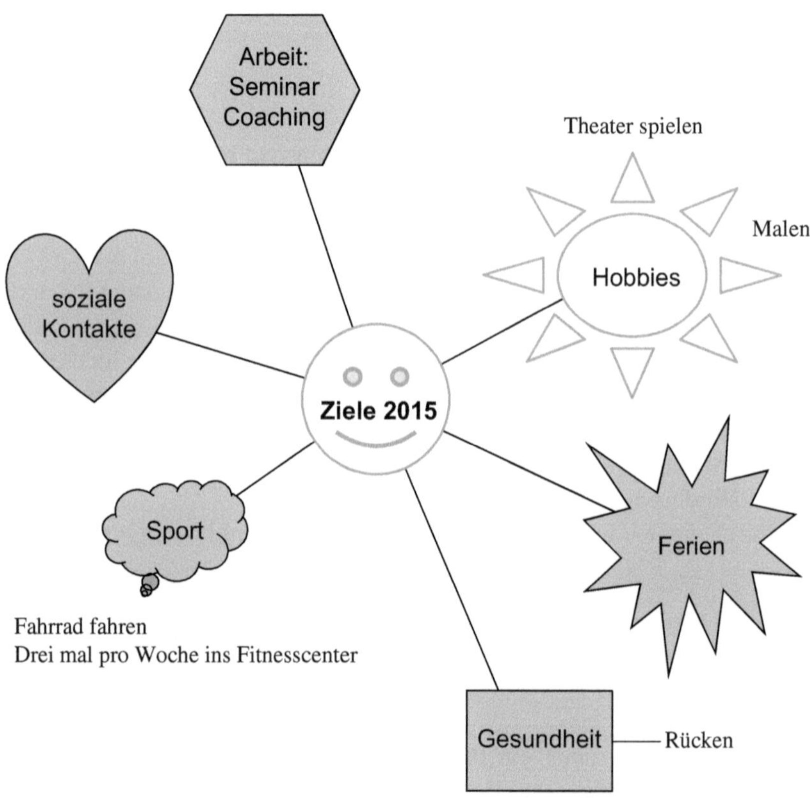

Ihre Skizze:

Sie haben nun einige Ideen und auch Herausforderungen formuliert, erstellen Sie nun eine Prioritätsliste. Was ist Ihnen das Wichtigste und was müssen Sie unbedingt in Angriff nehmen? Wenn mich meine Bandscheibe zwickt, werde ich mich sicher zuerst darum kümmern, bevor ich mich mit einem weiteren sportlichen Ziel auseinander setze.

Das Formulieren von Zielen mit dem NLP-Format «Zielbestimmung»

Ich möchte Ihnen nun ein Format vorstellen, welches sich sehr gut eignet um Ziele zu formulieren und um jemanden zu coachen.

Das Format ist ein erlebter Zukunftstraum. Ungeachtet der Hindernisse auf dem Weg von heute zum Ziel, erlauben wir uns, die Vorstellung das Ziel schon erreicht zu haben.
Probehandeln in der Phantasie, Tun-als-ob-Prinzip *(Vaihinger).*

Wenn ich meine Ziele als mentale Vorstellung sehen kann, hat dies eine Rückwirkung auf meinen Zustand: Ich fühle mich besser. Klare, motivierende Vorstellungen und Wohlbefinden hängen eng mit einander zusammen.

Das Geheimnis eines erfüllten Tages, Jahres oder Lebens liegt darin, dass persönliche Ziele erreicht werden.
Damit Zielerreichung erkannt werden kann, muss mindestens ein Bewusstsein über Ziele vorhanden sein.

Ein Geheimnis erfolgreicher Menschen ist, dass sie jede Aktivität, jeden Zeitbaustein unter ein kontrollierbares und messbares Ziel stellen, es ist ein Irrtum zu glauben, dass Ungeplant = Entspannt bedeutet!

(aus NLP Practitionerhandbuch NLP Akademie Schweiz , Megha Baumeler)

Ihr Ziel ist Ihre Entscheidung eine bestimmte Situation, ein persönliches Verhalten, ein konkretes Ergebnis zu einem von Ihnen fest definierten Zeitpunkt zu erreichen.

Beginnen Sie nun mit Ihrem ersten Wunsch, Idee, Herausforderung und denken Sie daran Ihr Ziel sollte **SMART** sein: **S**-pezifisch, **M**-essbar, **A**-ktionsorientiert, **R**-ealistisch, **T**-erminiert.

Arbeitsblatt Zielbestimmung

(aus dem NLP Practitioner Handbuch der NLP Akademie Schweiz erstellt von Megha Baumeler, Institutionsleiterin)

1. Phantasiereise in die Zukunft: Kontext
Wo und wann in meiner Zukunft möchte ich mein Ziel erreicht haben?
In welcher Umgebung? Privat oder beruflich? Wer ist auch noch involviert?
Nehmen Sie sich Zeit, schliessen Sie die Augen und stellen Sie sich die Umgebung vor.

2. Zielbesitz:
Es ist mein Ziel, ich bin massgeblich beteiligt. Sätze mit : «Ich»......
Welchen Teil des Ziels kann ich beeinflussen?
Welcher Teil des Ziels steht unter meiner Einflussmöglichkeit?
Nur diese Teile weiter bearbeiten!

3. Wahrnehmung:
Wenn ich mein Ziel erreicht habe, was werde ich innerlich und äusserlich wahrnehmen? **Tun als ob** ich das Ziel schon erreicht habe. Probehandeln in der Fantasie.
Was sehe ich?
Was höre ich? Was sage ich zu mir selber?
Was fühle ich, körperlich und emotional?
Welcher Geruch oder Geschmack gehört dazu?

4. Gehirngerecht formuliert:
Aussagen über das was **ich will**, nicht über das was ich nicht will. Quantifiziert: Wieviel? Wann? Wie oft?

5. Ökologie:
Wie wird sich mein Leben durch die Zielerreichung verändern? Was sind die Konsequenzen? Was kommt dazu? Was werde ich aufgeben (müssen)? Von was werde ich mehr haben, von was weniger?

6. Test:
Woran merke ich, wenn ich mein Ziel erreicht habe? Nimm mindestens eine konkrete Wahrnehmung aus Punkt 3.
Was merke ich, was merken andere?

Kurz vor meiner Pensionierung nahm ich an Projektsitzungen teil, welche ich in meiner Zeit als Bereichsleiterin nicht mehr erleben würde.

Es waren nicht mehr **meine Ziele**, die Termine waren für mich nicht mehr einhaltbar. Das hiess, ich hatte **keine Zeit mehr** diese umzusetzen und etwas dazu beizutragen und sie auch zu erleben.

Die Ziele waren für mich persönlich somit **nicht mehr realistisch.**
Ich bemerkte eine **Abnahme** meiner **Motivation** und meiner Leidenschaft.

Natürlich setzte ich mich für die gesetzten Ziele im Rahmen meiner Möglichkeiten ein.

Mein **konkretes Ziel** war es aber, eine gute Übergabe an meine Nachfolgerin zu gestalten. Terminiert, messbar und realistisch.

Merke:

Das Ziel sollte aus Ihrem Wunsch entstanden sein und nicht von aussen zugetragen sein.

Es sollte mit Ihren Werten übereinstimmen (siehe Standortbestimmung).

Es sollte im Rahmen Ihrer Möglichkeiten liegen (siehe Fähigkeiten Standortbestimmung).

Nützen Sie Ihre Ressourcen dazu (siehe erarbeitete Ressourcen).

Bleiben Sie am Ball und geben Sie nicht zu früh auf oder korrigieren Sie wenn nötig Ihre Massnahmen zur Zielerreichung.

Akzeptieren Sie auch mögliche Rückschläge und verändern Sie Ihre blockierenden Glaubenssätze (siehe erarbeitete Spiegel Sätze).

«Rom ist auch nicht an einem Tag erbaut worden».

Strukturieren Sie Ihren Weg zum Ziel, wenn möglich schriftlich!

Suchen Sie sich Unterstützung, wenn Sie nicht weiter kommen.

Ihr Alter ist kein Hinderungsgrund zum Erreichen ihrer Ziel – im Gegenteil – nützen Sie es!

9. Kapitel

Coaching 55+

Wie gehe ich als jüngerer Coach mit meiner älteren Kundschaft um?
In die Schuhe des anderen steigen
Rapport zum Kunden herstellen

Gehen Sie bei Halsschmerzen zum Augenarzt? Projektleiter suchen sich einen spezialisierten Coach.

Weshalb kein spezialisiertes Coaching für Menschen 55+?

Durch die Demografische Entwicklung und die «Neuen jungen Alten» wird sich dementsprechend eine Zielgruppe bilden, welche privates und berufliches Coaching in Anspruch nehmen wird.

Für Coachs gilt es deshalb massgeschneiderte Angebote, Tools und Konzepte zu entwickeln.
Das NLP bietet Ressourcen und lösungsorientierte Coaching-Formate an und legt besonders Wert auf die Beziehung resp. «in Rapport sein» mit dem Kunden.

Für Coachs, welche mit älteren Kunden in Beziehung treten macht es Sinn, wenn sie Kenntnisse haben, wie diese ihre Lebensphase wahrnehmen, kommunizieren und dementsprechend handeln.

Bereits bei den Indianern galt die Weisheit *«Urteile nie über einen anderen Menschen, bevor du nicht 24 Stunden in seinen Mokassins gegangen bist».*

Das bedeutet: sich ganz und gar in ein anderes Wesen einfühlen, hören was der andere denkt, sehen was der andere sieht und fühlen was der andere fühlt.

Die verschiedenen Altersstufen der Menschen halten einander für verschiedene Rassen. Alte haben gewöhnlich vergessen, dass sie jung gewesen sind oder sie vergessen, dass sie alt sind und Junge begreifen nie, dass sie alt werden können.

(Kurt Tucholsky)

Diese Haltung der Empathie und Gesprächstechnik finden wir auch in:

- der Humanistischen Psychologie (z.B. *Rogers*)
- der Altenpflege (z.B. Validation nach *Noemi Feil*)
- verschiedenen Kommunikationsmodellen (aktives Zuhören)
- NLP (Rapport, Pacing-Leading)

Wie sollen nun aber die jüngeren Coaches in die Schuhe einer 65-Jährigen treten? Das Wichtigste erscheint mir, die persönliche Auseinandersetzung mit dem Alter und dem Überprüfen von «veralteten» Annahmen und Glaubenssätzen.

Wie kann ich in die Schuhe des anderen steigen, wenn ich in meinem Innern denke: «die Ziele dieser **alten** Frau sind doch völlig unrealistisch?»

Als jüngerer Coach kann ich natürlich nicht fühlen, was der ältere Mensch fühlt, sei dies körperlich oder emotional.
Hier gilt aktives Zuhören

Die Biografie des Kunden mit einbeziehen und Formate aus dem *Silveragecoaching®* verwenden.

- Respekt vor dem Alter und der Lebenserfahrung
- Der Kunde, die Kundin wird es Ihnen danken

10. Kapitel

Lebensgestaltung 55+

Beispiele aus meinen Seminaren, Einzel-Coachings und aus meinem Bekanntenkreis. Keine Ausnahmen, sondern Personen wie Sie und ich.

Ursula, 70

kommt mit wenig Rente aus. Sie war alleinerziehende Mutter von zwei Kindern und erhielt sehr wenig Alimente.

Aufgewachsen in einer grossen Bauernfamilie wurden sie und ihre Schwestern beruflich nicht gefördert.

Als ausgezeichnete Skifahrerin, in den Bergen aufgewachsen, war und ist sie immer noch als lizenzierte Skilehrerin in einem Schweizer Nobelort tätig. In ihrem Alter ist sie nun zuständig für Kinder oder Senioren.

Ebenso kann sie im Fahrrad-Verein und in der Wandergruppe der «Pro Senectute» als Leiterin etwas dazu verdienen.

Als Hobby singt sie in einem Jodelchor und macht wunderschöne Scherenschnitte, welche sie auch ausstellt und verkauft.
Ursula nützt ihre Ressourcen aus ihrer Jugend und hat sich aber altersgemäss angepasst. Ihre Kunden sind Senioren und sie weiss aus eigener Erfahrung, wie sie das Training aufbauen muss.
Als Skilehrerin für Kinder kann sie sowohl ihre sportlichen Kompetenzen wie auch ihre Lebenserfahrung und Erfahrung als Mutter einbringen.

Markus, 74

kam ursprünglich aus der Baubranche und war lange in der Führung einer Stadtverwaltung angestellt und im Verwaltungsrat einer Krankenkasse tätig.

Als ausgezeichneter Sportler und Bergsteiger war er auch in verschiedenen Vereinen organisiert und hatte das Präsidium eines grossen schweizerischen Verbands inne.

Noch immer ist er sehr aktiv. Auch er hat eine Ausbildung im Senioren Sport gemacht und leitet Fahrradgruppen.

Als brillanter Skifahrer braust er immer noch die Hänge runter. Bei den Skitouren tritt er zwar etwas kürzer, er hat seine Tourenskis verkauft und macht stattdessen Schneeschuhtouren.

Beruflich wird er immer wieder angefragt, um z.B. beim Bau von Messeständen seine Kompetenz einzubringen. Dies wird natürlich honoriert.

Elisabeth, 62

war lange alleinerziehende Mutter. Ihre Tochter und Enkelin lebten noch bis vor 3 Jahren bei ihr.
Sie betreibt seit Jahren eine Consultingeinzelfirma. Ihre finanzielle Sicherheit wird nun seit 5 Jahren durch eine Halbtagsstelle besser gewährleistet.

Im Alter von 59 Jahren schloss sie mit einem Master in Organisationsentwicklung ab.

Zum 60. Geburtstag wurde ihr von der Familie, Bekannten und Freunden ihr grosser Wunsch nach einem Wohnwagen erfüllt.

Dieser steht nun an einem See. Elisabeth möchte nach ihrer Pensionierung einen ruhigen Ort haben, wo sie ihre Biographie schreiben kann und wo ihre Enkelkinder zu Besuch kommen können.

Sie wird über das offizielle Rentenalter ihre Einzelfirma weiter betreiben, da ihre berufliche und staatliche Vorsorge nicht alles abdecken wird.

Isolde, 71

hat mit mir zusammen vor etwa 40 Jahren als Modedesignerin gearbeitet. Später absolvierte sie eine Ausbildung zur Kunst/Maltherapeutin und Körpertherapeutin und arbeitete in einer psychiatrischen Klinik.

Sie ist bald 45 Jahre verheiratet und hat keine Kinder.

Ihr Mann organisiert zusammen mit einem Reiseveranstalter Treckings nach Indien. Auch er ist in Rente. Ihre Schwägerin, auch über sechzig, ist als Pilatestrainerin tätig.

Seit ihrer offiziellen Pensionierung arbeitet Isolde in ihrer Praxis als Maltherapeutin oder wird als Ferienaushilfe an ihrem alten Arbeitsplatz, eingesetzt.
Ihre Therapie wird von der Krankenkasse übernommen.

Gemeinsam veranstalten wir Workshops und Seminare zum Thema Veränderungsprozesse.

Mit ihrer Kreativität und kunsthandwerklichen Fertigkeiten hat sie seit Jahren einen Stand an der Herbstmesse in Basel, wo sie wunderschöne Gegenstände verkauft und dies mit grossem Erfolg.

Als Hobby leitet und pflegt sie einen Literaturzirkel, geht oft ins Theater und an Kunstausstellungen.

Ruedi, 60

Ist seit einem halben Jahr frühpensioniert. Er hat viele Jahre als Pflegefachmann gearbeitet. Allmählich reduzierte er sein Arbeitspensum und machte sich selbständig als Spitex-Fachmann. Er begleitet nun Patienten mit psychischen Problemen in ihrem Alltag. Seine Kunden werden von der Klinik und Ärzten überwiesen. Von den Krankenkassen ist er anerkannt.

Mit seiner NLP-Ausbildung als Coach und Trainer hat er mit seinem Bruder, welcher Psychiater ist, eine Firma gegründet.
Eine Kooperation zwischen Coaching und Therapie, ein spannendes Konzept erarbeitet und umgesetzt. Auch er plant länger zu arbeiten. Seine Hobbys sind seine 4 Enkelkinder und seine Hardrockband.

Marcel, 67

Besass lange Jahre ein eigenes Geschäft. In jungen Jahren war er auf Montage in arabischen Ländern.
Viele Projekte hat er umgesetzt, war erfolgreich, ist auch oft gescheitert und hat weiter gemacht. Sportlich ebenso auf Leistungen erpicht.

Mit 55 Herzinfarkt!

Jetzt nimmt er alles gelassener und frönt seinem «alten» Hobby», dem Malen. Dies macht er so erfolgreich, dass er in Galerien ausstellt, verkauft und ein eigenes Atelier hat.

Es sind Menschen wie Sie und ich und ich hätte noch viele Beispiele aus meinem Bekanntenkreis und Seminaren.

Das sind die «neuen Alten», unsere Generation. Es sind keine Ausnahmen, sondern werden langsam aber sicher zur Regel.

Mitteleuropa vergreist. Was für ein Fortschritt!
Denn die Alten von heute sind gesund, mobil und lernfähig.
Sie könnten Bäume ausreissen, wenn man sie nur liesse.

(Winand von Petersdorff auf «faz.net»)

Merke: von den 70–75-Jährigen sind 95 Prozent nicht pflegebedürftig von den 75–80-Jährigen können 90 Prozent auf sich selbst achten

Mit wieviel Statistiken, Beweisen und Beispielen muss unsere Generation auffahren bis ein Umdenken stattfindet? Bis die Klischees verschwinden und die Altersdiskriminierung gesetzlich verboten wird?

11. Kapitel

Schwer vermittelbare ältere Arbeitnehmer

Wie sieht die aktuelle Situation aus? Ein gutes Beispiel aus der Arbeitswelt Was können Sie tun? Was sonst noch? Was muss getan werden?

In der Schweiz werden die Menschen mit 65 berentet, obwohl es an Fachkräften fehlt.

Dabei beginnt die unfreiwillige «Frühberentung» bereits ab 50, obwohl der Nachschub fehlt. Wie soll in einigen Jahren die Unterjüngung aufgefangen werden? (mit Absicht spreche ich nicht von Überalterung).
27% der Ausgesteuerten sind über 50, der Anteil der 55–64-Jährigen unter den Langzeitarbeitslosen ist überproportional. *(Artikel in der Basler Zeitung vom 23.10.2014)*

Das heutige Rentenalter besteht seit Jahren, obwohl die Menschen mittlerweile deutlich älter werden, deshalb sollte das Rentenalter nach oben offen gelassen werden.
Tatsache ist, dass ältere Arbeitnehmer weniger Kosten verursachen, weil sie produktiver, loyaler und weniger krank sind.
Die demografische Entwicklung ist zwar bekannt aber es wird noch zu wenig unternommen.

Die Firmen haben nach wie vor Vorbehalte älteren Arbeitnehmern gegenüber.
Die Rekrutierungen laufen immer noch nach dem bekannten alten Schema ab, bei welchem die Altersgrenze ein wichtiges Kriterium ist.

Ein gutes Beispiel erlebe ich durch meinen alten Arbeitsplatz, der Psychiatrischen Klinik in Liestal/CH (Baselland). Hier wurde ein Pool von diplomiertem pensioniertem Pflegepersonal installiert. Für Intensivpflege (1:1-Betreuung) werden diese von der Klinik angefragt.

Die Bezahlung entspricht den üblichen Richtlinien.

So können die ehemaligen Mitarbeiter in kleinerem Umfang weiterarbeiten und die Klinik respektive die Patienten erhalten eine kompetente Betreuung durch erfahrenes Pflegepersonal.
Die Mitarbeiter auf den Stationen erfahren dadurch eine Entlastung.

Was können Sie tun?

Es braucht auch ein Umdenken von Ihnen. Sich nicht auf den Lorbeeren ausruhen, heisst die Devise.
Seien Sie offen für Veränderungen innerhalb des Betriebes und bilden Sie sich weiter. So bleibt man für den Arbeitgeber attraktiv.
Fügen Sie Ihren Kompetenzen neue Alters-Ressourcen hinzu.

Sprechen Sie mit Ihrem Arbeitgeber. Zeigen Sie konkret auf, was Sie von Ihrer Seite her einbringen könnten. Zum Beispiel Mentor für Jüngere.

Bei Arbeitslosigkeit gilt es zu überlegen, ob eventuell eine kleine Lohneinbusse in Kauf genommen werden kann. Besser etwas weniger verdienen, als jahrelang arbeitslos zu sein oder einer unbefriedigenden Arbeit nach zu gehen.
Was könnten Sie mit Ihren Fachkompetenzen, Weiterbildungen und Hobbys sonst noch tun?
Gibt es für Sie Modelle zwischen Selbstständigkeit und kleinem Arbeitspensum?

Gibt es Lösungen gemeinsam mit Ihrem Partner, Ihrer Familie und Freunden?

Könnten Sie Sich vorstellen die letzten Jahre vor der Pensionierung einfach zu «jobben» um der materiellen Sicherheit wegen und dafür ihre Partnerschaft und/ oder, soziale Kontakte und ein schönes Hobby zu pflegen?

Gibt es Netzwerke, welche Sie nützen könnten?
Benützen Sie das Modell der logischen Ebenen zur Standortbestimmung und die Formulare des Handbuches.
Suchen Sie sich einen spezialisierten 50+-Coach.

12. Kapitel

Und sonst noch?

Im ersten Jahr meines Rentnerlebens war meine Agenda genauso vollbepackt, wie in den guten «alten Zeiten» meines Berufslebens. Es war die Euphorie der ersten Phase.

Geschäftsgründung, soziale Kontakte pflegen, Sport treiben, Buch schreiben, Theater spielen.
Wie habe ich alles unter einen Hut gebracht, als ich noch 100% gearbeitet habe?
Der Standartsatz der Rentner hatte mich auch voll im Griff: *«Entschuldigung, ich habe keine Zeit»!*
Irgendwann hat sich das Ganze eingependelt und ich habe nun eine mehr oder weniger gute Balance gefunden.
Trotzdem finde ich es wichtig, im Alter eine Tagesstruktur zu haben, sich Ziele zu setzen und Massnahmen zu treffen.

(Meine) weiteren Empfehlungen für ein gutes Älterwerden:

- Körperliche Bewegung mit Ausdauer, Kraft, Koordinationstraining und Stretching
- Gesunde Ernährung
- Nahrungsergänzungsmittel (z.B. Kalzium, Vitamin D, Omega 3, Vitamine B6 und B12)
- Mein Tipp: jährliche Fastenwoche
- Ruhe und Entspannung (z.B. Mediation, Yoga, Tai Chi etc.)
- Befriedigende Partnerschaft und soziale Kontakte pflegen
- Verzicht aufs Rauchen
- Mässiger Alkoholkonsum
- Verzicht auf ausgiebige Sonnenbäder
- Vorsorgeuntersuchungen
- Fitness fürs Gehirn (z.B. Musizieren, Sprachen lernen, Theater spielen)
- Positive Einstellung zum Älterwerden, mit Humor und lachen

- Kreativität ausleben
- Zeit für sich, für seine Hobbys nehmen
- Tagebuch schreiben
- Diszipliniert sein und trotzdem «liebevoll» mit dem inneren Schweinehund umgehen.
- Neugierig bleiben!

Schlusswort

> Der Untersuchungsbeamte eröffnet dem Senior: *«Sie stehen unter Terrorverdacht!»*
> Senior: *«wie bitte?»*
> Untersuchungsbeamter: *«Sie sind Teil einer demografischen Zeitbombe!»*

Na ja, ich bin schon etwas stolz zur Pioniergeneration der «Alt 68er» zu gehören, Bombe hin oder her.

Die grösste, unruhigste und idealistischste Generation des 20. Jahrhunderts verändert nun das Alter – für sich selbst und folgende Generationen.

Ganz klar mache ich auch diesmal mit.

Als Vorbild für Jüngere und Gleichaltrige, mit meinem Handeln und meiner Haltung.
Politisch, kulturell, gesundheitlich, gesellschaftlich, wirtschaftlich und für mich

- Als *Silveragecoach*® für Klienten 55+
- Supervisorin für Pflegende im Altersheim
- Supervisorin für jüngere Coachs
- Nordic Walking-Trainerin für Senioren
- Seminarleiterin für Themen 55+
- Als Mitglied der Grauen Panther
- Als Mitarbeiterin des pensionierten Pools in der Psychiatrischen Klinik Liestal
- Buch-Autorin

Ich bin sensibel gegenüber altersdiskriminierenden Definitionen und Haltungen und überlege mir, welche «Alterssprache» und Definitionen ich persönlich verwende.

Ich berücksichtige bei meinen Geschäftskontakten ebenfalls ältere Fachleute.

Mein Grafiker (Webdesigner) ist über 60.
Mein Steuerberater ist pensioniert.

Es ist mir aber auch wichtig in Kontakt mit jungen Menschen zu kommen. Mein Schauspielkollege im Theater ist gerade mal 16 Jahre alt.

In der Berliner Altersstudie, die weltweit einzigartig als Langzeitstudie konzipiert wurde, zeigt deutlich, dass die Vorstellung vom Alter als einer mühevollen, depressiven und insgesamt negativen Zeit **in keiner Weise** stimmt. Es liegt an uns dies zu untermauern und zu «beweisen».

Die Studie belegt, dass ein Staat, in dem nur Menschen leben, die älter als 65 sind, gesellschaftlich und wirtschaftlich überlebensfähig wäre.

Ein Staat von Zwanzigjährigen wäre es nicht!

Das 21. Jahrhundert ist das Jahrhundert des Alters

Aus diesem Grund gibt es umfassende Pionieraufgaben in den nächsten Jahren und Jahrzehnten
für Sie, für mich, für uns!

Machen Sie mit bei der «Ent-Geriatisierung» bisheriger Altersnormen.

Seien Sie bereit für die nächste Rebellion und beginnen Sie bei Sich selbst. Eine Brise Humor schadet dabei sicher nicht.

Wenn ein jüngerer Mann wegen mir im Tram aufsteht, erfüllt mich das etwas mit Wehmut, nehme den Platz aber dankbar an … schliesslich komme ich aus dem Fitness-Studio und bin müde!

Sagt jemand, du siehst für **dein Alter** aber immer **noch** gut aus!

Soll ich das jetzt als Kompliment oder diskriminierend werten?

Das Alter und Älterwerden ist kein Problem an sich, das Problem ist wie die Gesellschaft damit umgeht.

Sind nicht *wir* die Gesellschaft, jetzt wo wir allmählich in der Überzahl sind?
Es liegt nun an uns die Wegbereiter für die *Generation+* und die nächsten Generationen zu sein.

Mit uns meine ich natürlich auch die Politikerinnen 50+, die Firmeninhaber 50+, Personen 50+ in verschieden Gremien, Verbänden, Verwaltungsräte 50+ etc.

Vielleicht nähern wir uns aus ökonomischer Notwendigkeit wieder dem Ideal der alten Griechen an, welche das Alter mit Weisheit gekoppelt hatten.

Noch etwas: Vergessen Sie das Träumen nicht!

Literatur

Prof. Dr. Christoph M. Bamberger

Besser leben länger leben

Knaur Verlag (2008)

ISBN-10: 3426780550

ISBN-13: 9783426780558

Megha Baumeler

Handbuch zur NLP Practitioner Ausbildung

Prozess Wahrnehmung & Kommunikation

erhältlich bei der NLP Akademie Schweiz

Dr. Ursula Richter

Ab sechzig lebe ich anders, als ihr denkt

Shaker Media, Aachen (2011)

ISBN 10: 3868586768

ISBN 13: 9783868586763

Dr. Frank Schirrmacher

Das Methusalem-Komplott

Wilhelm Heyne Verlag, München (2006)

ISBN-10: 3453600096

ISBN-13: 9783453600096

Prof. Ernst Pöppel/ Beatrice Wagner

«je älter desto besser»

Gräve und Unzer Verlag GmbH, München (5. Auflage, 2010)

ISBN-10: 3833818670

ISBN-13: 9783833818677

Robert B. Dilts, Tim Hallbom, Suzie Smith

Identität, Glaubenssysteme und Gesundheit

Junfermann Verlag, Paderborn (6. Auflage, 2006)

ISBN-10: 3873870304

ISBN-13: 9783873870307

Richard Bandler/John Grinder

Reframing. Ein ökologischer Ansatz in der Psychotherapie (NLP).

Junfermann Verlag, Paderborn (2005)

ISBN-10: 3873872285

ISBN-13: 9783873872288

Richard Bandler/ John Grinder

Neue Wege der Kurzeit-Therapie

Junfermann Verlag, Paderborn (5. Auflage, 2007)

ISBN-10: 3873871939

ISBN-13: 9783873871939

NLP Professional

anerkannte Zertifikatsausbildung IANLP

Practitioner Grundlageseminar NLP

Sylvia Bandini, Basel, Schweiz

www.silveragecoaching.ch

NLP Akademie Schweiz, Höhere Fachschule

für Erwachsenen Bildung, alle NLP Zertifikatsstufen

www.nlp.ch

NLP Zusatzfortbildung zum 50+-Coach

Sylvia Bandini, Basel, Schweiz

www.silveragecoaching.ch

Printed by Books on Demand GmbH, Norderstedt / Germany